原点探訪

アダム・スミスの足跡

田中秀夫

法律文化社

目次

◆アダム・スミスの著作からの引用について

原典はグラスゴウ版著作集（リプリントはリバティ）。

原典からの引用は次の邦訳を用い、引用にあたっては下記の略記に従う（ただし訳文は必要に応じて変更した）。

・水田洋ほか訳『アダム・スミス哲学論文集』（名古屋大学出版会、一九九三年）――『哲学』
・水田洋訳『道徳感情論』（筑摩書房、一九七三年）――『感情論』
・大河内一男監訳『国富論Ⅰ、Ⅱ、Ⅲ』（中央公論社、一九七八年）――『国富論』
・宇山直亮訳『修辞学・文学講義』（未來社、一九七二年）――『修辞学』
・高島善哉・水田洋訳『グラスゴウ大学講義』（日本評論社、一九四七年（一九八九年再刊））――『法学』↑本書のみ、タイトルと略記が異なるので注意。

プロローグ

アダム・スミスへの招待

本書は、経済学の入門書となることを意識して執筆したもので、アダム・スミス（Smith, Adam 1723-90）の思想の解明に焦点を合わせている。とくにアダム・スミスにおける経済学の形成を、スミスの時代の背景や、関連する様々なコンテクストとの関連で跡づけて理解するとともに、経済学の独立の必然性[1]を明らかにし、さらには、経済学という学問はどのような科学であるかという、その特質についても改めて考察するものである。

現代における経済学の入門としてアダム・スミスの経済学を取り上げることが、はたして適切かどうか疑問だという見解もあるだろう。しかし、経済学はテクノロジーではないし、唯一正しい理論体系に集約できるものではないことを、まず言わなければならない。経済学とは社会の構成原理についての透徹した思考であり、その意味ではある種の哲学であるとさえ言える。あえて言えば、社会哲学（モラル・フィロソフィ）としての経済学を復興しようというのが、本書の立場である。

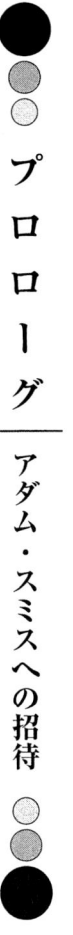

ある時期まで、経済学は最もサイエンスに接近した社会科学であると言われることがよくあった。法学はイデオロギーであるが、経済学は科学であるというように……。今でも、経済学を理科系のサイエンスに近似的なサイエンスであるべきだと考えているエコノミストは多い。

しかし、経済学はどのような意味でのサイエンスかということすら、現在では自明でなくなっている。むしろ、現代の経済理論や政策は、多元的な形で互いに競い合っているのが実態である。そうした多元的な理論と政策の濫立、また実体経済の複雑化の結果、学問としての経済学の世界もはなはだ見通しがきかないというのが現状である。それはわが国のみのことではない。世界各国の経済もまたすすむべき方向性を見出せぬまま混迷を深めていることが、理論や政策にも反映しているように思われる。

改めて述べるまでもなく、アダム・スミスは経済学という学問体系を最初に大成した古典的な人物であり、いわゆる古典派経済学の祖（完成者はリカードとJ・S・ミル）である。アダム・スミスの経済学上の主著『国富論』（*The Wealth of Nations*, 1776）は、人間の生活上の欲求を満たすべき基礎的な営みである経済活動が、分業と交換というある種の考案、社会装置によって飛躍的に発展した時代に、すなわち商業社会あるいは資本主義がようやく本格的に成立した頃に、まさに新しい商業社会、市場システムの内的論理を解明し、その明暗を明らかにする書物として書かれた。

それは今から二〇〇年以上も昔に書かれたものであるから、もはや古くさいと思われるかもしれない。しかし、『国富論』は、いまなお多くの研究者を惹きつけている古典であり、決して古くさくなったというものではない。今日の社会の基礎になっているのは市場経済であり、まさにスミスが考察の対象としたものである。また、スミスが経済主体の行為の動機として析出した利己心は、現代人の行動の原理であり続けている。自らの利益を顧みずに公共の利益に貢献している人は皆無とは言えないけれども、そのような人は例外に属す。

スミスは自己中心的な人間の本性との関連で経済現象を分析したのであるが、その洞察には叡智が見られると言っても過言ではない。人間の本性は、過去二〇〇年間に進歩したようには思われないが、全体としての社会、あるいは文明の作法は、テロ、暴力、戦争が未だに平和を脅かしているとしても、確かに進歩した。したがって、スミスの認識には時代遅れになったものも、もしかしたらあるかもしれない。しかし、社会を考察するときには、根本において、いまだ有益な示唆を与え続けている。

経済学は若い学問であって、『政治体の算術的把握』（*Political Arithmetic*, 1690）を著したペティにまで遡るとしても、せいぜい三〇〇年余りの歴史しかもたない。[2] その歴史は通常、重商主義、古典派、マルクス経済学、近代経済学へと発展したと理解されているが、大雑把な言い方が許されるなら、そのなかで、重商主義批判として成立したアダム・スミスの経済学は、古典派の最大の礎石となるとともに、マルクスの経済学と近代経済学の基礎として、ふたつの体系を育てた、いわば母体であったと言えるだろう。もちろん、アダム・スミスの経済学とマルクスの経済学、そして近代経済学の間には、相互に継承と断絶の両面があることは言うまでもない。限界効用理論によって経済学の決定的なパラダイム・チェンジが起こったという見解もある。[3] しかし、アダム・スミスの経済学が、ケネーの経済表にもまして、ふたつのパラダイムの基礎となったということは、否定できないことである。

したがって、アダム・スミスについて知り、スミスの経済学をその思想的基礎とともに学んでおくことは、マルクス経済学を研究する場合にも、近代経済学を学ぶ場合にも、基礎として役にたつだろう。経営学や会計学をやるひとにとってもそうである。さらに、アダム・スミスの洞察に学び、スミスについて知識があるということは、スミスの思想が懐の深いものであるために、教養としても大いに意味があり、それがない場合に比べて社会をみる目が違ってくるだろう。そのような意味では、アダム・スミスについて少し深く勉強しておくことは、極めて意味のあることだろう。それは、応用経済学をやるひとにとっても同じことが言える。

それでは、わたしたちは、さっそく二〇〇年以上の時を飛び越えて、スミスの生まれた時代のスコットランドへ向かうこととしよう。

1　経済学が学問として独立するのは一八世紀のことである。その独立の必然性の考究は学問の系統発生と固体発生の相関の視野においておこなうことが必要である。本書は通時的な学史を描くことによって接近する学史的手法は用いない。スミスにおける経済学の固体発生を描きながら、通時的なコンテクストに言及するという接近法をとる。

2　もちろん、経済学の源流はもっと古くて、トマスを超えて、アリストテレスの家政学（Oekonomicks）まで遡る。

3　限界効用の概念に力点をおくか、それと同時に成立する一般均衡理論に力点をおくかで、転換の理解も異なる。

原点探訪　アダム・スミスの足跡

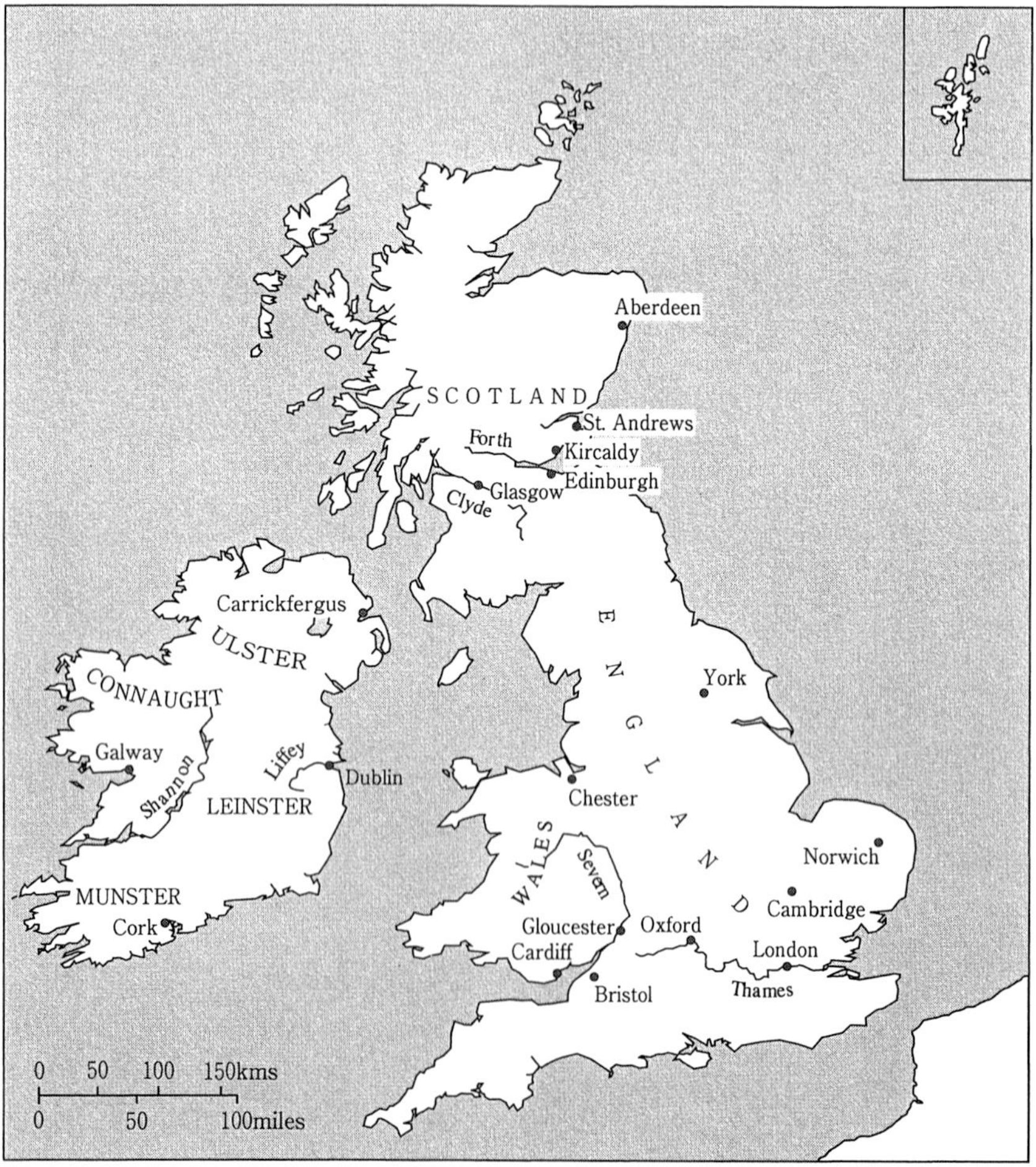

SCOTLAND
Aberdeen
St. Andrews
Forth
Kircaldy
Edinburgh
Glasgow
Clyde
Carrickfergus
ULSTER
CONNAUGHT
Galway
Shannon
Liffey
Dublin
LEINSTER
MUNSTER
Cork
ENGLAND
York
Chester
WALES
Severn
Norwich
Cambridge
Gloucester
Oxford
Cardiff
London
Bristol
Thames
0 50 100 150kms
0 50 100miles

第1章　スミス生誕

1　生立から学生時代まで

◆カーコーディからグラスゴウへ◆

アダム・スミスは、スコットランドの中心都市エディンバラから北に車で二時間ほどの港町、カーコーディ（写真1）に、一七二三年に生まれた。ゴルフ発祥の地として知られる美しく古い歴史都市セント・アンドルーズから少し南にあるカーコーディはこじんまりした都市であるが、スミスの時代にはすでにそこそこの産業のある港町であった。そのカーコーディの国鉄駅前にあるミュージアムにはアダム・スミスの展示ブースがある。わずか一平方メートルほどのブースに、スミスの著作や遺品がところせましと展示されているが、その扱いは実に地味なもので、故郷におけるスミスの地位を物語っているように思われる。また、そのそばのアダム・スミス劇場にはスミスの石像が置かれているが、普段は映画を上映していてスミスとは関係がない。アダム・スミス路地や生家跡も記念されているが、この地では、ロマン主義的な『英雄崇拝論』（一八四一年）や『衣服哲学』（一八三八年）などのユニークな著作をもつ特異な思想家として知られる文人T・カーライル（Carlyle, Thomas 1795-1881）のほうが、教師をしていたということで、スミス以上に有名人であるのは何とも意外に思われる。

写真1　1820年代のカーコーディの街

スミスの父は当地の税関に勤めていたが、スミスが生まれる直前に亡くなった。母の手で育てられたスミスは、やがて一七三七年に一四歳で大学に入る。カーコーディに近いのはセント・アンドルーズ大学であり、次にエディンバラ大学が近く、アバディーン大学、グラスゴウ大学の順に遠くなる。しかし、経済的理由からと思われるが、スミスは伯父をたよってグラスゴウで学ぶことになる。

エディンバラは、一七〇七年のイングランドとの**合邦**＊までスコットランドの都であり、合邦以後も大学・法曹・教会を拠点としつつ、思想界に活躍する多数の知識人がいた。しかも、かれらはエディンバラ城からホーリールード宮殿にいたるロイヤルマイルと呼ばれる界隈に住んで、緊密な交流を保ちながら暮らしていたのであった。その近郊のナインウェルズという農村に育ったヒュームは、おのずとエディンバラ大学に学んだ。しかしスミスはエディンバラ大学ではなく、グラスゴウ大学（写真2）に入学したのである。

アイルランドにも近いグラスゴウは、当時、煙草などのアメリカ貿易で栄え賑わっていた。合邦以来、スコットランドも新大陸との貿易の自由を得たために急速な発展が見られたのである。貿易がもたらした富が、近隣に投資されて、産業の発展を生み出した。こうして当時のグラスゴウは、エディンバラに匹敵する人口（数万人規模）を擁する商業都市となっていた。しかもグラスゴウの美しさは多くの訪問者を惹きつけてやまなかった。世紀初頭に、各地を旅してグラスゴウにやってきた**デフォー**はグラスゴウの街の美しさを賛美している。またスコットランドとアイルランドの長老派牧師＝知識人の交流の盛んな都市でもあった。今ではスコットランド最大の工業都市と

＊**合邦**　一七〇七年、スコットランドはイングランドとの合邦によって、名誉革命体制に組み込まれることになった。スコットランドは独自の議会を失い、イングランド議会に不釣り合いに少ない議席を与えられたにとどまったものの、独自の法制度や教会制度は保持され、またイングランドの市場に全面的に参加することになった。しかしスコットランドにとって、合邦は国民的合意というには程遠かったし、合邦の利益を享受するには時間がかかったので、ジャコバイトを中心とする反乱が続いた。

写真2　17世紀後半のグラスゴウ大学

デフォー Defoe, Daniel
1660-1731

イングランドの文筆家。非国教派の抑圧を風刺した冊子を刊行して投獄されたりもしたが，初代オックスフォード伯の知遇を得て1704～13年に『レヴュー』誌を発行するなど，コート派のジャーナリストとして政界で活躍し，常備軍論争，スコットランド合邦問題などで活躍した。『ロビンソン・クルーソー漂流記』（1719年）によって小説家として名声を得る。流暢な文体によって当時のイングランド人の人間観や社会観を描いた，18世紀初頭を代表する作家。

なっているグラスゴウは、進取の気風に富んだ街である。例えば、国鉄の駅近くのとある街路は、アパルトヘイト廃止の象徴的な人物の名前をとって「マンデラ通り」となっている。

◆ハチスンとヒューム◆

一七三〇年代から四〇年代にかけて、アイルランドとスコットランドを代表する道徳哲学者であったフランシス・ハチスン（Hutcheson, Francis 1694-1746・写真3）はグラスゴウにいた。アイルランドに生まれ、グラスゴウ大学で学んだハチスンは、**長老派**[*]の牧師として帰郷し、二〇年代にダブリンに滞在して、遅れたアイルランドをいかにして啓蒙するかに腐心していた。その間に共和主義者モールズワース[1]の知遇を得たハチスンは、モールズワースのサークルで真性ウィッグ主義（共和主義精神によって活性化された急進的自由主義）に触発され、強い影響を受けた。こうして、長老派の牧師としてキリスト教の教義に満足することのなかったハチスンは、自然法の伝統の定着していたスコットランドに啓蒙の共和主義を持ち込み、教会と大学から、スコットランドにいわば啓蒙の精神革命を起こそうとしていた。ハチスンは精力的に講義と説教をおこなったが、その新鮮な力強い思想ゆえにグラスゴウの「新しい光」と称され讃えられたし、彼と共にスコットランド啓蒙の最盛期が始まる。

しかし、新しい光であるにもかかわらず、ハチスンは、後に、ヒュームの大学講座への招聘に反対した。したがって、ハチスンの啓蒙へのコミットメントは、不徹底の謗りを免れない。にもかかわらず、ハチスンの営為の基本的狙いは、スコットランドの政治と思想のアンシャン・レジーム（旧体制）の克服に置かれていたといって過言ではないし、またハチスンがヒュームの人事に反対した理由は、まったく理解しがたいというものでもない。

写真3　フランシス・ハチスン

＊**長老派**　非国教会派でピューリタンの一派。一五六〇年にジョン・ノックスによってスコットランドに長老派教会が設立された。スコットランド教会の主導権をめぐって監督制教会と争い、ピューリタン革命の際には、イングランドの議会派と厳粛同盟を結んで国王軍と戦った。名誉革命後の一六九〇年にはスコットランドの国教的地位を認められた。教義はカルヴァン主義的であり、ウェストミンスター信仰告白（一六四五年）に表明されている。組織は信徒集会で選出される牧師と、その補佐役で信徒代表である長老から構成される。

アンシャン・レジームとのたたかいということでは、ハチスンとヒュームは同じ陣営に属した。しかし、両者の思想傾向には相容れないものがあった。折衷的な思想家であったハチスンは、穏健かつ建設的な実践倫理を求めた。一方、存在と規範を峻別し、人間の認識可能な世界を経験に限定したヒュームは、鋭利な認識論の武器を社会分析に適用し、社会分析から神を追放した。ハチスンはヒュームの才能は認めていたが、ヒュームの懐疑論的思想のもつ無神論的傾向に警戒したのである。無神論に近似した過度の急進的思想は、ニヒリズムと紙一重というところがある。無神論はそもそもハチスンが容認できるものではなかった。ヒュームの思想の過激さ、分析の鋭利さは、愚直さに通じる人間の建設的な努力と実践において対立するかもしれない。いずれにせよ、ハチスンはヒュームの思想傾向に警戒心を解けなかった。また、ヒュームのほうでは、ハチスンの思想の概念的曖昧さ——例えばハチスンが徳は自然にあるというときの自然の概念——を厳しく批判するということもあった。

スミスは、このグラスゴウ大学で、それぞれ高名な学者であった、ダンロップからギリシャ語、シムスンから数学を教わったが、また「忘れ得ぬ師、ハチスン」の道徳哲学の講義に連なり、ハチスンから決定的な影響をうけることになるが、それはハチスンとヒュームが決裂する以前のことであった。

1　Robert Molesworth, 1656-1725. 主著『デンマーク事情』（一六九二年）。モールズワースと当時のデンマークについては、水田洋『思想の国際転位』（名古屋大学出版会、二〇〇〇年）第二章参照。専門的になるが、Thomas Munck, "Absolute Monarchy in Later Eighteenth-Century Denmark", *Historical Journal*, 41-1, 1998も参考になる。

2　ハチスンの道徳哲学

では、ハチスンの道徳哲学の講義とはどのようなものだったのだろうか。

当時の道徳哲学というのは、狭義の倫理学だけではなく、政治や法の理論をも含む包括的な学問であった。当然、人間学もその前提を構成しており、したがって道徳哲学というのは「人間と社会の学」とでも言いうる内容の学問であった。後に、J・S・ミルが「モラル・サイエンス」という言葉をもちいるが、その内実は同じである。「モラル」という言葉の語義が、このように広いことは、ヒュームの『人間本性論』(*A Treatise of Human Nature*, 1739-40) の第三部「モラルについて」にもうかがわれる。そこで、ヒュームは道徳だけではなく、法と政治の理論を展開している。

ヒュームの先輩であったハチスンの道徳哲学は、**プーフェンドルフ**の『自然法と万民法』(*De jure naturae et gentium*, 1672)、その一部にあたる『人間と市民の義務』(*De officio hominis et civis juxta legem naturarem*, 1673) に、大いに依存したものであった。

ドイツに生まれ各地で法学を教えたプーフェンドルフは、大陸の三〇年戦争終決後のドイツ国制論と、ホッブズの社会契約説、とりわけその悲惨極まりない自然状態論と性悪説的な人間観、自己中心的な人間観を批判した自然法論者として知られる。このプーフェンドルフは、一七世紀の末から一八世紀の前半頃まで、ヨーロッパの道徳＝社会哲学者に大きな影響を与えた重要な思想家である。プーフェンドルフの大著のバルベイラックによる注釈書は、広範に流布し読まれていた。慣習法に依拠

プーフェンドルフ Pufendorf, Samuel 1632-94

ドイツの法・政治思想家。自然法論者で，ハイデルベルク大学教授，ルント大学（スウェーデン）教授を勤め，ストックホルムやベルリンで歴史編纂官を歴任した。グロティウスとホッブズの影響を受け，人間の本性は，無力さと社会性であるとし，自然状態からの結合契約と服従契約という二重の契約による国家の成立を説いた。主著は『自然法と万民法』（1672年），『人間と市民の義務』（1673年）など。

する伝統をもつイングランドでも、例えば、ロックは、**オランダ***に亡命していたこともあって、ジェントルマンの必読すべき著者として、**グロティウス**とともに、プーフェンドルフをあげている。ましてスコットランドでは、その法体系が大陸法の影響を強く受けていたということもあって、とりわけ大陸の自然法学を代表するプーフェンドルフの著作に注目が集まったのである。スコットランドの法学生は、スコットランドの大学で法学を学んだあと、法学の伝統で名声を博していたオランダのフロニンヘンやライデンに留学し、そこで学業の仕上げをする慣行であった。[1]

ハチスンの前任者の**カーマイケル**は、プーフェンドルフ『人間と市民の義務』の注釈書をテキストとして用いて、道徳哲学の講義をおこなった。ハチスンは前任者の講義を大枠では継承しつつ、そこに独自の材料を加えた。その意味では新しい伝統を創始したのはカーマイケルであった。カーマイケルに始まるスコットランドの自然法思想は、プーフェンドルフ――このプーフェンドルフは前述のようにホッブズを論敵としたが、ホッブズの影響をうけたことも否めない――を源流とし、それにさまざまな思想の要素を包摂しつつ、ハチスン、ヒューム、スミス、ミラーと世代を下るにつれて、近代的な社会理論、経験的、歴史的な社会分析の学

グロティウス Grotius, Hugo
1583-1645

オランダの思想家。公海の自由を主張した『海洋自由論』（1609年）によって注目を浴びる。のち神学論争をめぐる政治闘争に巻きこまれフランスに亡命した。1634年に駐仏スウェーデン大使となる。人間の社会関係を，理性的で自由・平等な秩序としての自然法に服するものとして論じ，また国際法学を自然法に基礎づけて体系化をなしとげた。近代自然法学の父，国際法学の祖と称される。主著『戦争と平和の法』（1625年）。

カーマイケル Carmichael, Gershom
1672-1729

グラスゴウ大学の初代道徳哲学教授、1694年から没年まで35年間教鞭をとり，自然権・自然法の伝統をスコットランドに導入した。カーマイケルはグロティウス，プーフェンドルフ，ロックの自然権論をローマ法，スコラ的な自然法思想と和解させようとした。彼が著したプーフェンドルフの『人間と市民の義務』の注釈書は価値あるものとされ，弟子のハチスンは，そこから出発して，道徳哲学を展開した。

* **オランダ（ホラント、ネーデルランド）** 一七世紀のオランダは共和主義的連邦国家として自由を誇り、学問が栄え、グロティウスをはじめとして多くの思想家を生んだ。亡命ユグノー（新教徒）の活躍もあったし、イングランド人もスコットランド人もオランダに亡命したり学んだりしたのである。名誉革命も、オランダとの関係なくしてはありえなかった。

* **スコットランド啓蒙** 合邦以後のスコットランドでは、経済とともに文化活動が飛躍的に発展したが、特に一七四五年のジャコバイトの乱の平定以降、グラスゴウとエディンバラを中心として、「一八世紀スコットランド知識人の文化」として包括されうるあらゆる分野におよぶ華々しい知的活動が展開された。特に文明社会の

進展に伴う「富と徳」の問題に取り組んだ道徳哲学、文明社会史といった分野で独創的な業績が数多く残された。スコットランドのナショナルな文脈の影響を受けつつも、他方で啓蒙の普遍主義に貫かれてもいる。

＊道徳感覚（モラル・センス）
大ブリテン道徳哲学者によって主唱された、正邪、善悪などを判断する人間の本来的な道徳的能力をいう。道徳義務を人間本性に基づくものとして理解し、神や国家など外的権威から切り離した。シャーフツベリによって素描され、ハチスン（『美と徳の観念の起源』（一七二五年）、『情念論』（一七二八年））やヒューム（『道徳原理の研究』（一七五一年））によって展開された。彼ら道徳感覚学派は、道徳を理性に基づいて論じた合理主義者と対立した。

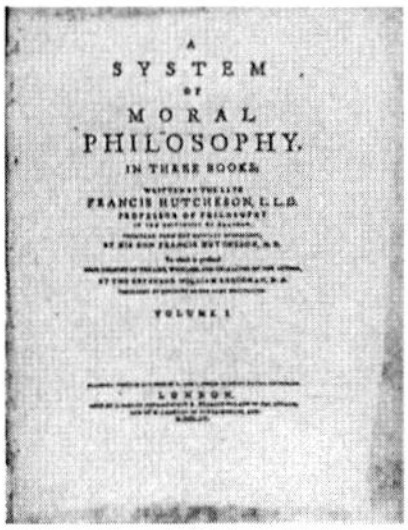

写真4 『道徳哲学体系』
（1755年）

の構築をめざして発展を遂げていくことになる。これを文明社会論と呼ぶ——社会発展論と呼ぶこともできる——とすれば、この**スコットランド啓蒙**＊の文明社会論（市民社会論）は、独自のパラダイムとして、すなわち法、政治、経済の理論として、あるいは社会の理論として、大きな可能性をもっていたのである。

カーマイケルの後継者として出発したハチスンは、その精神の基調においてプロテスタントの牧師であり、マンデヴィルの放縦の哲学を弾劾する勤勉と禁欲の哲学をもっていた。しかしハチスンは、また政治思想において真性ウィッグであり共和主義者であるとともに、**ハリントン**から農本主義的共和主義を継承していた。ギリシャ哲学にも造詣が深かったハチスンは、アリストテレスの共通感覚論から示唆をうけて、またシャーフツベリを継承して、人間の能力のなかに道徳的判断をつかさどる**「道徳感覚」**＊**(moral sense)** と名付けるべき能力があるという思想を提起し、この新しい概念と伝統思想から継承した理論装置を組み合わせて、体系的な道徳哲学を展開した。ハチスンの最初の成功作は『美と徳の観念の起源』（一七二五年）であり、道徳哲学上の代表作は『道徳哲学入門』（一七四七年）と『道徳哲学体系』（一七五五年、死後出版・写真4）がある。

グラスゴウ大学での道徳哲学の講義をまとめた『道徳哲学入門』の目次を一覧してみよう。全体は三編からなるが、第一編「倫理学の原理」は、七章からなり、順に「人間本性とその部分あるいは能力」、「最高善」、「徳の分類」、「神への人間の義務」、「人間の同胞への義務」、「自らへの義務」、「実践的考察」である。

第二編「自然法の原理」は、一七章に分かれており、自然法とは何か、権利とその分類、徳と悪徳、個人の権利の性質、物権と

ハリントン Harrington, James
1611-77

革命期の政治学者。大陸旅行のなかでオランダ，ヴェネチアの共和政治に共鳴した。革命に際して，はじめ議会派に与したが，後には国王処刑に反対して政治から退いた。『オシアナ共和国』（1656年）で審議と決議の分離，官職輪番制に基づくコモンウェルスの構想を論じた。土地所有関係と統治制度の均衡を唱える立場は，マルクスの唯物史観の先駆として評価されてきたが，ポーコックの研究以後，近年では共和主義者（シヴィック・ヒューマニスト）として注目されている。

所有権、財産を獲得する方法、契約、財と貨幣の価値、契約の種類、契約の義務、損害に由来する権利（戦争の法）、必然に由来する例外権（人類の共通の権利）、権利・義務の消滅などが説かれている。

最後の第三編「経済と政治の原理」は一〇章からなり、「結婚」、「親と子の義務」、「主人と召使」、「市民政府の起源」、「国家の内部構造」、「政体の多様性」、「最高権力の権利」、「市民法と執行」、「戦争の法」、「条約、大使、市民社会の解体」を順に取り上げている。

その内部に立ち入ることは省略する[2]しかないが、ここでの経済の原理はアリストテレスの家政学ではないけれども、しかしまだ法学の枠組みのなかに包摂されていることは注意を要する。またハチスンが序文で、古代人としてはプラトン、アリストテレス、クセノフォン、キケロを、また近代人としてはグロティウス、カンバーランド、プーフェンドルフ、ハリントンを挙げて、本書はこうした著者への入門書になると説いていること、道徳の基礎は前述の古代人とカンバーランドとシャーフツベリに述べられており、自然法と万民法はグロティウス、プーフェンドルフ、バルベイラックの注釈、ハリントン、ロック、ヴィンカーシェックに十分に述べられているとしている[3]ことを記憶しておこう。やがてみるように、このようなハチスンの道徳哲学からスミスは多くを継承して、思想家として育っていく。

ハチスンの出発点は道徳の基礎を「道徳感覚」という概念に求めることにあった。ハチスンは、人はだれでも善悪正邪を直感的に理解する。それは神が人間を本性上、善悪正邪を感覚的に、直覚的に判別できるようにつくられたからである。この道徳感覚の理論によって、ハチスンは後に**リード**やケイムズ、そして**D・ステュアート**によって代表される**「スコットランド学派」**＊の先駆者となった。

ハチスンの熱心な講義から、大きな知的刺激を得た弟子のスミスは、大いなる研鑽を積み、やがて『道徳感情論』において「同感」の概念をキーワードとする「道徳判断」論を展開するが、それはハチスンの道徳感覚の理論を批判的に乗り越えようとするものであった。

＊**スコットランド学派**　哲学史上の概念で、ハチスン、ターンブル、ヒュームからD・ステュアートやウィザースプーンまで、哲学的著作を残した思想家を総称して使われる。しかし、現在では研究が進んで、スコットランド歴史学派という概念（後出）とともに使われなくなっており、代わって、より包括的なスコットランド啓蒙という用語を使うことが多い。

1　概して一七世紀から一八世紀にかけて、セント・アンドルーズ大学を除くスコットランドの三大学では、グロティウス、プーフェンドルフ、ロックの著作が様々に注釈されて教育に用いられた。James Moor and M. Silverthorne eds., *Natural Rights on the Threshold of the Scottish Enlightenment, The Writings of Gershom Carmichael*, Liberty Fund, 2002, p. ix.。

2　ハチスンの道徳哲学の概要については、拙著『スコットランド啓蒙思想史研究』（名古屋大学出版会、一九九一年）第二章参照。

3　Hutcheson, *A Short Introduction to Moral Philosophy*, 1747, pp. i-iv.

3　青年スミスの思想形成
——啓蒙思想の諸潮流

◆オックスフォード大学留学◆

スミスはグラスゴウ大学からオックスフォード大学のベリオル・カレッジ（写真5）に留学する。貧しかったスミスは、牧師になることを条件としたスネル奨学金を獲得して郷国を後にしたのだが、オックスフォードでスミスが出会ったものは、『国富論』第五編の教育論でスミスがのべているように、教授たちの弛緩しきった精神であった。「オック

リード　Reid, Thomas　1710-1796

スコットランドの実在論哲学者，コモン・センス（共通感覚）哲学の創始者。アバディーン大学の哲学教授を務めた後，1766年にスミスの後任としてグラスゴウ大学道徳哲学教授となる。ヒュームの経験論に基づく懐疑論を批判し，真偽の判定能力を「コモン・センス」として把握し，これに根本的判断（論理学的公理や因果律など）が根ざしているとし，これらの判断を共通感覚の原理と呼んだ。コモン・センス学派は，ステュアートやハミルトンといった継承者を得て19世紀においても大きな影響力をもった。

D・ステュアート　Stewart, Dugald　1753-1828

エディンバラ大学道徳哲学教授（前任者はファーガスン）で，ミラーとともにスコットランド啓蒙の最後の世代を代表する思想家。リードのコモン・センス哲学を継承し，19世紀前半に第2次『エディンバラ・レヴュー』を中心に活躍する多様な思想家を育て上げるとともに，大ブリテンの教壇ではじめて経済学の独立講義をおこない，スミス経済学の普及にも一役買った。スミスの伝記作家としても有名。『人間精神哲学要綱』（1792-1827年）や『道徳哲学概要』（1793年）など。

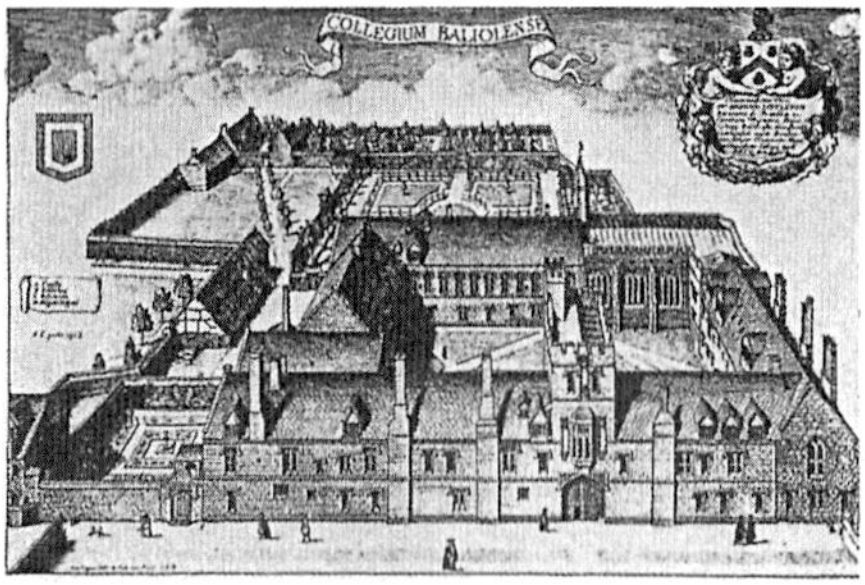

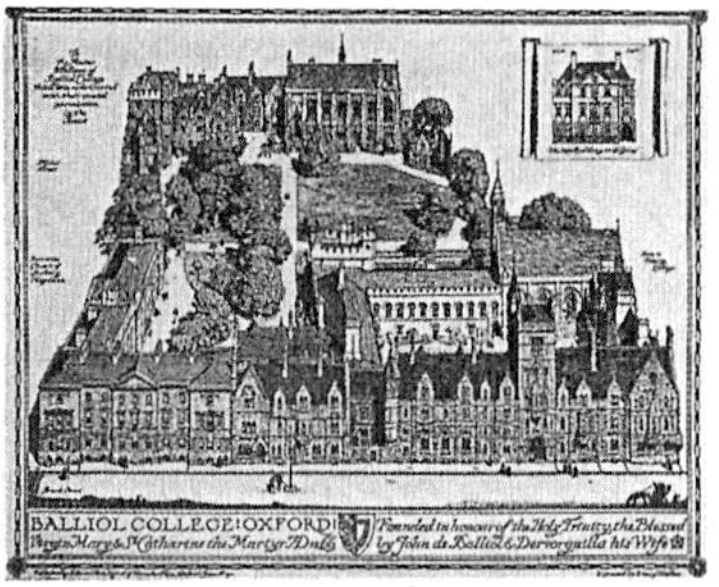

写真5　ベリオル・カレッジ（左→1675年，右→1911年）

スフォード大学では正教授の大半は、すでに久しく、教えるふりさえまったく放棄している。」（『国富論Ⅲ』二四頁）スミスのこの言葉を引用して、歴史家**ギボン**も母校の沈滞ぶりに失望をかくさなかった。[1]

エディンバラ大学での法学の勉強に満足できなかったヒュームも、しばらく貿易都市として繁栄していたブリストルで実業の世界にふれたあと留学した。ヒュームの行き先はフランスのラ・フレーシュの僧院であった。そこはかつてデカルトが思索を深めた地である。その地で「思想の新情景」にたどりついて書きはじめた草稿は、やがて画期的な大著『人間本性論』となって刊行される。時にヒュームは二八歳であった。

実際に、当時のオックス・ブリッジは学問的に沈滞していた。むしろスコットランドの大学のほうが活気があった。スコットランドには啓蒙の精神がみなぎりはじめていた。それに対して、ミルトン、ホッブズ、ペティ、ロック、ニュートンなどを生んだ前世紀の知的革命の熱はすっかり冷めたかのように、オックス・ブリッジの学問研究は低調であった。ピューリタン革命の傷も深かったかもしれないし、加えて、動乱の半世紀は、安定を求める保守主義的心情を育んでいた。ニュートン主義が国教会と合体して新しいオーソドクシーとなりつつあった。こうしてイングランドには、啓蒙の精神と逆行する新しいアンシャン・レジームができつつあった。

前述のように、新しい人間と社会の理論を構築したヒュームも、スミスに先立って最初の経済学の体系『経済の原理』（*Principles of Political Economy*, 1767）を著述したJ・ステュアート（Sir James

ギボン　Gibbon, Edward
1737-94

18世紀大ブリテンを代表する歴史家。オックスフォード大学に入学するがカトリックに改宗したために退学。スイスのローザンヌで教育を受け，晩年にもローザンヌに居を構えた。1774-83年には庶民院議員も務めた。イタリア旅行中にカピトリーノの丘でローマ史の執筆を思い立った逸話は有名。ヒュームの勧めによってフランス語ではなく英語で書かれた古典的名著『ローマ帝国衰亡史』（全6巻，1776-88年）の第一巻の発刊は『国富論』と同年。

Steuart）もスコットランド人である。一七四五年の**ジャコバイト***（写真6）の反乱に加勢したために、祖国をおわれたステュアートは、大陸を流浪したが、各地の見聞と経験が法学と異なる客観的な社会分析の学としての経済学を着想することをかれに可能にしたのである。

合邦――それにはスコットランド人の大半が反対であったということは重要な事実である――によってイングランドの事実上の支配下に置かれ、**ハノーヴァ王位継承***で、ステュアート家の復位の可能性が遠のいたことで、スコットランドのナショナリズムは急進化し、ジャコバイト主義に流れこんでいった。したがって、ジャコバイト主義はたんなる党派的な思想、運動にとどまるものではなかった。その基礎には、合邦までずっと独立国であり、独自の伝統をもって生きぬいてきたというスコットランドの矜持と文化的アイデンティティ問題があったのである。

すでに一七一五年にかなり大きなジャコバイトの反乱が起こり、反乱を制圧した政府は、ジャコバイト貴族の所領の没収を敢行し、その脅威を取りのぞいたはずであった。

しかしながら、その三〇年後に、かなり広範な民衆の支持を得て、再びジャコバイトの反乱が起こることになる（一七四五年）。これにはスコットランドのアイデンティティ問題が絡んでいた。勇猛な兵士を擁するジャコバイト軍は予想外に強く、政府軍による平定は困難をきわめた。長期にわたる戦いの後、ようやく勝利をおさめた政府は、ハードウィック卿の指揮のもと、ジャコバイトを根絶すべく、スコットランドのハイランド社会（ケルトの独特の伝統的な氏族社会）を力によって解体した。武装解除、兵士の士気を鼓舞するバグパイプ（写真7）のような楽器とキルトなどの伝統的な装束の禁止なども徹底された。こうして、ジャコバイトは掃討され、ハイランド人はアメリカなどに強制移住させられたのである。やがてスミスの才能を見いだすことになるケイムズ卿は、じつはこの時、スコットランドの行政府の一員として、政府によるハイランドの近代化に辣腕をふるった一人である。[2]

それ以後のスコットランドの知的隆盛は目を見張るものがある。合邦から四〇年程経て、スコットラ

＊**ジャコバイト**　名誉革命によって王位を追われたジェイムズ二世とその直系のステュアート家の復位を支持した人々を指す。スコットランドなどではナショナリズムとも結びついて、名誉革命後もブリテン全土で反体制勢力を形成した。一七一四年のハノーヴァ朝成立と翌年のジャコバイトの乱の失敗は、ウイッグの安定政権をもたらした。また四五年にスコットランドを中心とした大規模なジャコバイトの乱が起こったが鎮圧され、以後ジャコバイトの活動は下火となった。

＊**ハノーヴァ王位継承**　一七一四年アン女王が死去すると、カトリック君主の出現を排除するために、ドイツのハノーファー選帝侯妃ソフィアとその子にイングランドの王位継承を認めた一七〇一年の王位継承法に基づいて、ソフィアの長男ゲオルクがジョージ一世として即位し、ハノーヴァ朝を創始した。ジョージ一世下の大ブリテンでは、国王の信任を得たウィッグの安定政権によって近代的な議会制度の整備が進んだが、一方では腐敗が進行した。

写真６　ジャコバイト軍

写真７　バグパイプを吹くハイランド兵

ンドの諸大学は繁栄の時代を迎えていた。自由主義精神にあふれ、活気に満ち、イングランドや外国からも学生が集まる時代になりつつあった。このような知的活況を、今では「スコットランド啓蒙」と呼ぶ。スコットランド啓蒙は、表面的にはスコットランドのイングランド化の波に乗っていたとしても、それなりの国民的伝統に根ざしてもいた。法律と大学と教会は合邦を生き残って、伝統を継承していたのである。

スコットランド啓蒙は、単純な文化と思想のイングランド化ではなかった。スコットランドには未だ啓蒙されない世界——フランス史の用語法にならって、それをアンシャン・レジームと呼ぼう——が濃厚に残っていた。「自由な国制」を賛美されたとはいえ、イングランドでも未だアンシャン・レジームは完全に一掃されたわけではなかった。

例えば、スミスは、オックスフォードで、郷里の先輩ヒュームの『人間本性論』を読んでいて叱責されることがあった。『人間本性論』によってヒュームは無神論者であるとされ、ヒュームの著作は、学問思想の自由を守るべきオックスフォード大学で、悪書として排撃されたのである。意外に感じるかもしれないが、実は、当時の大学は、未だイデオロギー的にはバイアスをもった場所であった。スコットランドの大学は自由主義の精神にあふれていたと述べたが、それでもヒュームにポストを与えることはなかった。自由主義精神と言っても、その程度のものであった。

アンシャン・レジームとの闘いが、大ブリテンでもフランスでも啓蒙思想家のテーマとなる。啓蒙思想家にも保守派と急進派があるので、それぞれのアンシャン・レジームとの闘いにはニュアンスがあるが、さしあたりヒュームには思想統制の牙城としての教会の伝統的権威との闘いが、アダム・スミスにはやがて政界と国策としての重商主義政策との闘い——立法者の学としてのポリティカル・エコノミーの学の構築——が待ち受けていることになる。

◆ヒュームの『人間本性論』◆

オックスフォード大学でスミスが読んで感銘を受けた書物に、郷里の先輩、ディヴィッド・ヒューム（写真8）の『人間本性論』があった。前述のように、スミスは大学当局から悪書を読んだという科で譴責を受けたと伝えられるが、ヒュームの大著から多くを学びとったことは確実だと思われる。やがて二人は親しくなる。

写真8　ディヴィッド・ヒューム

人文学のニュートンたらんとした、弱冠二〇代の青年ヒュームがこの『人間本性論』でめざしたのは、超越的な学ではなく、人間の経験の世界を通して開かれる人間と社会の学——経験科学としての人間科学と社会科学——を樹立することであった。

人間の経験を通した因果論批判と観念連合論によって、カントの独断のまどろみを覚まし、事実と論理と価値（規範）の峻別を説いて、認識論上のコペルニクス的展開を成し遂げた古典ともなった『人間本性論』は、社会哲学の分野においても、数多くの独創的な思想を提起していた。

例えば、ヒュームは社会契約説を事実に則さないフィクションだとして退けた。政治社会と国家権力の起源は、多くの場合、征服であると言い切ったヒュームは、しかし、いかに卑しい起源をもとうと、政治権力は時間の経過によって正当性を付与されると喝破した。時間の経過する間に、支配に服する人々は、我慢できる支配であれば、無秩序よりましであることに気づくようになり、さらには公共の利益の考量から、次第に自発的にその支配を容認しはじめ、暗黙の同意を与えるようになる、とヒュームは考える。ヒュームは、その他の人間の制度的構築物も、法制度や国家機構も、基本的に同じようにして、試行錯誤を通して、次第に形成されるのであって、言語であれ、貨幣であれ、人々が習慣的に形成するものだと理解する。

ヒュームによれば、人々の経験を通して、法・政治制度も次第により優れたものにいわば「進化」を遂げる。そして、ヒュームは、このような人間の制度形成の原理を「黙約」ないし「習慣」(convention, custom) といった言葉で表現した。

慧眼の持ち主であるハイエクは、ヒュームの思想のこのような側面にいち早く注目しているが[3]、ヒュームの抵抗権論や急進的な側面には沈黙しているために、ヒュームは必要以上に保守的に描かれているように思われる。

確かにヒュームは一面で慣習的保守主義者であったと言える。そしてこの慣習的保守主義は、バークが継承者となったと言えようが、スミスにも類似の思想を見いだすことができる。習慣の効用に注目するこの思想は、現実の性急な変革より、現状維持に向かいがちであるとしても、漸進的な変革を否定するものではない。実際に、ヒュームもスミスも現実の大ブリテンの現状をそのまま容認する保守派ではなく、多くの点で改革派であった。とりわけヒュームの場合は、政党政治と党派抗争、そして国制のバランスと公債問題、アメリカ政策などが、改革を必要とする論点であったし、スミスはやがて重商主義の総括的な廃棄を主張するであろう。これはなんら矛盾ではない。その意味で、ヒュームとスミスを保守主義者と呼ぶことには問題がある。むしろ自由主義者と呼ぶほうが適切であろう。

◆自由な国制◆

スミスも社会契約説を退けた。ヒュームの上述のような制度の進化論、慣習の哲学あるいは経験の哲学は、スミスの社会思想のベースになったものといって過言ではない。しかし、繰り返すが、このことだけから、ヒュームとスミスの思想の保守性を言いたてることは正しくない。

ヒュームもスミスも政治権力が、市民、国民の利益に反する政策を企てる可能性を認めている。このような権力濫用にたいして、二人とも、公共の利益に反するという理由から、国民の抵抗を正当とした。権力の打倒を必要と認めたのである。

ただし、ヒュームとスミスの時代には、大ブリテンに関する限り、議会政治が曲がりなりにも成立していた。国王の側近「国王の友」を利用して国王中心の統治を奪回しようとしたジョージ三世の画策は成功しなかった。国王は「君臨すれども統治せず」という慣習がほぼ定着しつつあった。すなわち、権力は、世論を背景として、とりわけ庶民院＝下院（写真9）の多数党の掌握するものとなっていたのである。今日の議会政治の原型が成立していたのである。したがって、権力の打倒とは、ほかならず、議会解散であり、腐敗政治家の場合は更迭の要求ということを意味した。議会政治の先進国大ブリテンには、基本的に、このような方法が成立していたのである。これは他のヨーロッパ諸国には未だ存在しない素晴らしい制度であった。

写真9　ウォルポール時代，1730年の下院

写真10　イングランドの国制（三権が分立するだけでなく支えあっている）

「イギリスの自由」、「自由な国制」として賛美されたイングランドの自由な制度は、今ではスコットランドも含む、大ブリテンの自由な制度として、国民に大きな自由を保障していた。議会政治、司法権の独立、言論出版の自由、宗教的寛容、営業の自由、人身保護法などが、国民の大きな自由を可能にしていた（写真10）。このような先進イングランドの成果は、合邦以後のスコットランドにも恩恵を与えつつあったのであるが、ヴォルテールやモンテスキューがいち早く注目したし、スコットランド人、ヒュームとスミスも強い関心をもって研究したものである。こうした既成事実なしには、アダム・スミスの自由な商業社会の構想もありえなかったであろう。

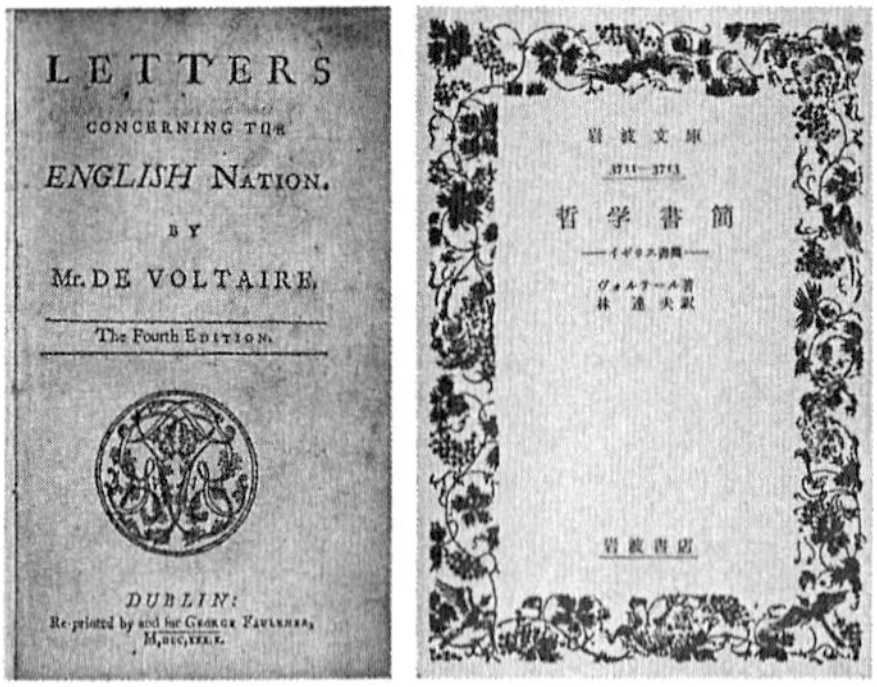

写真11　『哲学書簡』（左→原典，右→日本語訳）

ヴォルテールもモンテスキューもアングロ・マニア（イングランド贔屓）であった。ヴォルテールはいち早くイングランドに滞在し、イングランドの自由、寛容と文化の多様性を賛美した『イングランド便り』（一七三三年）を書き、それはまず英語でロンドンで出版され、翌年『哲学書簡』（写真11）と改題したフランス語版がでた。その作品の狙いはイングランド賛美という形をとったアンシャン・レジームのフランス批判にあった。このようなイングランド礼賛には、イングランドの放縦とまで言えるような自由を風刺しつつも、それを大胆に肯定するリベルタンのマンデヴィルという先蹤はあった。しかし、法、政治、宗教などの自由な社会構造に深い分析のメスをふるった点で、ヴォルテールはマンデヴィルを凌いでいた。

イングランドの反政府派の週間新聞『クラフツマン』の読者であったモンテスキューもほぼ同じ時期にイングランドを訪問した。ウェストミンスターの議会を熱心に傍聴したといわれるモンテスキューは「イングランドの国制」を論じて、自由の保証としてのその国制が、諸権力――それは同時に諸身分も意味した――の危うい均衡によって維持されているにすぎないという、鋭い分析をしてみせたのである。

　スミスは現在の大ブリテンの政治制度を基本的に支持していた。『グラスゴウ法学講義』を参考に、スミスの見解を要約してみよう。国王の収入は議会に依存しているから、国王は専制の手段を持たない。公債は利害関係の網の目を広く社会に広げており、革命を防止する働きがある。税官吏は終身官で独立している。下院が予算を決定し、下院議員が国務を遂行する。裁判官も終身制で、国王から独立している。国王の大臣は失政をすれば、下院によって弾劾される。**人身保護法**[*]が臣民の自由を護っている。選挙制度は下院の権限に属す。そして軍隊は議会のコントロール下に置かれている。「ここに、適当に制限された種々の政治形態の幸福な混和があり、自由と財産にたいする完全な保障がある。」（『法学』一五一～五二頁）

　晩年のスミスがこの国制をどこまで信頼できたかについては、人間の道徳感情の腐敗を憂慮するようになっていったことと関連して微妙であるが、弟子のミラーのように急進的な国制改革を求めるようなことはなかったように思われる。

1　E・ギボン『ギボン自伝』（中野好之訳）（筑摩書房、一九九九年）八六頁。
2　拙稿「ケイムズ卿におけるユートピアと改革」同『文明社会と公共精神』（昭和堂、一九九六年）第二章参照。
3　F・A・ハイエク「ヒュームの法哲学と政治哲学」同『市場・知識・自由』（ミネルヴァ書房、一九八六年）参照。

＊**人身保護法** Habeas Corpus Act　王権による不当拘禁への批判の高まりを受けて、一六七九年に制定された。これによって拘禁には令状の発給が義務付けられるようになり、不十分だった人身保護が実効を伴うようになった。二度のジャコバイトの反乱時をはじめとして非常時にはしばしば適用を停止されたものの、徐々に適用対象範囲が拡張されていった。個人の自由と権利の擁護に重要な役割を担い、大ブリテン国制の基本的法律の一つに数えられる。

第2章

スミス二五歳——学界にデヴュー

「合邦以来、われわれは、自分たちをある程度これら偉人たちの同国人だとみなす傾向があるので、イングランドの哲学の優越性がこのように、競争相手の国民によって認められるのをみると、ブリテン人としてのわたしの虚栄心がいい気持ちになるのです。[1]」（『哲学』三一九～二〇頁）

写真１　法曹の風刺画（左：ケイムズ，中央：アーノ，右：モンボド）

1　エディンバラ講義

さて、話を少し戻そう。オックスフォード大学を中退したスミスは郷里に帰ったが、スミスの才能を惜しんでスミスに世に出るチャンスを与えたのは、スコットランドの政界の有力者であった、ギルバート・エリオット（Gilbert Elliot, 1722-77. スコットランド選出議員）とケイムズ卿（法曹、地主貴族、知識人）であった（写真１）。

二人の支援をうけて、一七四八年から五〇年にかけての毎冬、三度にわたって、スミスがおこなったエディンバラ公開講義がどのようなものであったかは、必ずしもよくはわからないが、修辞学・文学から法学を含む道徳哲学にまでおよぶ広い内容のものであったと推測されている。いずれにせよ、それにスミスが成功をおさめたことが、道を開くことにつながった。エディンバラ公開講義は、パトロンにとっては、いわばスミスの能力を試す関門という意味をもっていた。

一七四八年は大陸でモンテスキューの『法の精神』が刊行された年でもある。ヒュームの成功をおさめたエッセイ集『道徳・政治論集』(一七四一—四二年)の第三版も出て、そのなかで、ヒュームが「風土」を重視するモンテスキューの「国民性」の概念を批判したことから、モンテスキューとヒュームの論争の始まった年でもある。[2] モンテスキューはおよそ四〇年に渡る研鑽の集大成としてこの『法の精神』を出版した。『法の精神』は、一見そう思われがちなような、狭義の法学の書物ではない。まして「憲法」の書でもない。否、確かに「憲法」や「法学」も論じられているが、モンテスキューの言う「法」とは、「さまざまな事物の間の必然的関係」を意味し、したがって、本書は、社会の総合的分析の書なのである。[3]

スミスがこの大著にいつ接したかは、はっきりしたことはわからない。『エディンバラ評論』に掲載された、スミスの初期の論説として知られる「編集者への手紙」は、ダランベールとディドロの『百科全書』やルソー、ビュフォンなどに論及しているにもかかわらず、すでにヨーロッパの思想界に大きな衝撃を与えつつあった『法の精

ケイムズ Lord Kames, Henry Home 1696-1782

裕福な法曹貴族の家系に生まれたが，一族にジャコバイトが多かったため出世が遅れた。スミスが「私たちは皆ケイムズを師と認めています」と述べたように，スコットランド啓蒙の庇護者的な立場にあった。リードと共にコモン・センス論によってヒュームの懐疑論に対抗した『道徳と自然宗教の原理』(1751年) ほか，『批評の原理』(1762年)，『法史論集』(1758年)，『人間史素描』(1774年) など多数の著作を著した。またスコットランドの近代化にも尽力した。

モンテスキュー Montesquieu, Charles Louis de Secondat 1689-1755

フランスの法曹貴族で，啓蒙思想家であったモンテスキューはボルドー高等法院判事・長を歴任した。『ペルシャ人の手紙』(1721年) でこの時代の専制政治を批判し，英国などの政情視察を経て，『ローマ人盛衰原因論』(1734年) で因果的・構造的な・歴史分析をおこない，大著『法の精神』(1748年) で，世界各国の法制度の原理を研究し，法と様々な物質的，精神的諸要素との関係を考察するとともに，イングランドの国制の原理として三権分立を析出して紹介するとともに，その問題点を考察した。大著は法，政治，経済，風土，宗教，女性などを論じた壮大な先駆的社会学として同時代にも後世にも圧倒的な影響を与えた。

神』には意外にも沈黙をしているのである。

さて、エディンバラ講義で見事に聴衆を引き付ける能力を証明してみせたスミスは、ケイムズたちの尽力によって、一七五一年に、母校グラスゴウ大学の論理学講座教授に就任することになった。時にスミスは二八歳である。その翌年、スミスは空席となった道徳哲学講座に移った。以後一七六四年に辞任するまで一〇年余りの間、スミスは道徳哲学教授として、教育と研究に邁進する。二〇代の終わりから四〇歳過ぎまでの間である。

グラスゴウ大学の道徳哲学講座は、かつてハチスンが就任していたポストであり、このポストにスミスが就任したことは、重要な意味がある。この講座の教授としての講義を通して、スミスは人間と社会についての自らの思想を深め、その講義の成果として『道徳感情論』を世に問うことができたし、ひいては『国富論』の基礎固めをすることができたからである。

1　「『エディンバラ評論』同人たちへの手紙」からの一節。
2　この論争については、坂本達哉『ヒュームの文明社会――勤労・知識・自由』（創文社、一九九五年）参照。
3　「私はまず人間を研究した。そして、私は、法律や習俗のこの無限な多様性のうちにあって、人間がただみずからの気紛れだけから行動しているわけではないと考えたのであった。私はいくつかの原理を立てた。すると、個々の場合がいわばおのずからこれらの原理に従うことがわかった。あらゆる国民の歴史は、いずれもこれらの原理から出てくる結果にすぎず、個々の法律はそれぞれ他の一つの法律と結合しているか、あるいはまた、他の一つのより一般的な法律に依存していることがわかった。……いかなる国民もこの本のなかにそれぞれの格率の理由を見出すことであろう。」モンテスキュー〔野田良之ほか訳〕『法の精神（上）』（岩波書店、一九八九年）、三三～三五頁。

2 『エディンバラ評論』

一七五一年には、スコットランドの思想界において、スミスと同世代の青年知識人が新雑誌を刊行して新風を送りはじめた。前述の『エディンバラ評論』の刊行がそれである。中心になったのは、エディンバラ在住のウェダバーン（Alexander Wedderburn, 1733-1805. 後に法務次官）、**ロバートスン**、ファーガスン、**ブレア**、カーライル、**J・ヒューム**などのスコットランド教会の**穏健派知識人***であった。哲学者ヒュームはメンバーではなかった。年長のケイムズも外れた。雑誌の狙いは、スコットランドの学術の振興に寄与すべく、スコットランドで刊行される著作の本格的な書評誌とすることであった。そのモデルとなったのは先行する学界誌であっただろう。ルクレールたちが前世紀に刊行していた『ヨー

＊ **穏健派知識人** スコットランド長老派のうち、ロバートスン、ファーガスン、カーライル、ジョン・ヒューム、ブレアなどが代表的。ウイッグ長老派的保守主義とキリスト教的ストア主義の思想をもっており、彼らのイデオロギー普及のための書評誌『エディンバラ評論』（一七五一—五六年）は二号しか続くことができなかったけれども、スコットランド啓蒙において中心的な役割を果たした。

ロバートスン Robertson, William 1721-1793

スコットランドの歴史家。『メアリとジェイムズⅥ世の統治下のスコットランド史』（1759年）によって名声を博す。エディンバラ大学学長（1762-92年），スコットランド歴史編纂官などを務める。ギボンやヴォルテールの賞賛を得た『カールⅤ世の統治史』（1769年）や『アメリカ史』（1777年）などの著作がある。スコットランド啓蒙の精華である文明社会史（自然史，哲学的歴史）の代表的思想家。

ブレア Blair, Hugh 1718-1800

エディンバラで説教師となり（1742年），ケイムズの後援もあって，エディンバラ大学で詩学や修辞学を教授し，修辞学および純文学 Belles Letters 欽定教授（1762-83年）となった。『修辞学・純文学 Belles Letters 講義』（1783年）は，その後のロマン派文学に影響を与えた。また穏健派知識人の代表的人物で，『エディンバラ評論』の中心的メンバーとしても活躍し，ハチスンの『道徳哲学体系』の書評などを寄せた。スミスのエディンバラ公開講義の聴講者のひとりであった。

J・ヒューム Hume, John 1722-1808

スコットランド教会の牧師。悲劇『ダグラス』を書きエディンバラで上演して成功（1756年）。しかし教会の保守派の攻撃をうけ牧師資格を停止される。首相となったビュート卿の秘書となり，ロンドンの劇場で成功した。『1745年の反乱史』（1802年）もある。

ロッパ学界展望』などの先駆はいくつかあった。

スミスはこのクライスと連携しながら、スコットランドの啓蒙運動の有力な担い手となったのである。スミスは第一号に、**S・ジョンスン**の『英語辞典』の書評、第二号に先ほど述べた「編集者への手紙」と題したヨーロッパ学界展望を執筆している。

雑誌は、政界に入るウェダバーンのロンドン行きも影響があったかもしれないが、論敵たち、スコットランド教会の保守派（福音派、民衆派＝ハイフライヤーズ）の攻撃を受けて、二号で停止してしまった。このことは、スコットランドは未だ、イデオロギー的なアンシャン・レジームにあるということを意味した。啓蒙思想はまだ必ずしもヘゲモニーを確立したわけではなかった。

この年には、ケイムズの『道徳と自然宗教の原理』も出版された。ケイムズのここでの思想の決定論的傾向がスコットランド教会の牧師などからの攻撃を招いた。しかし、その急先鋒となったのはスコットランド北端の都市アバディーンの道徳哲学者**ビーティ**であった。

ビーティは**奴隷解放**＊論[1]では先駆的な役割をはたした啓蒙知識人であるが、宗教に関しては反動的で

S・ジョンスン Johnson, Samuel 1709-84

イングランドの文学者。オックスフォード大学を貧困のため中退。文筆業で身を立てるべくロンドンに上り，『ランブラー』の発行などを行う（1750-52年）。1747年から大ブリテン最初の英語辞典の執筆に着手し，1755年に独力で完成させた。また文学クラブを組織しバーク，ゴールドスミス，ボズウェル，ギボンなどと親交をもち，「文壇の大御所」と呼ばれた。伝記作家としても高名であるが，他方でボズウェルの『サミュエル・ジョンスン伝』によって伝記の主人公としても有名。

ビーティ Beattie, James 1735-1803

スコットランドの思想家，詩人。アバディーン大学道徳哲学教授（1760年）。詩人としては，『吟遊詩人 The Minstrel』（1711-14年）などでワーズワースやバイロンなどロマン派詩人に影響を与えた。常識哲学の立場にたち，キリスト教と哲学の調和を求め，『真実の性質と不滅性－詭弁と懐疑論に反対する』（1770年）で痛烈なヒューム批判を展開した。政治的には穏健的なトーリであったが，アメリカ独立を歴史的に不可避なものとして支持し，またフランス革命も，はじめのうちは歓迎した。

＊**奴隷解放**　一七世紀に始まるアメリカ植民地やカリブ海域の奴隷制は、意外にも一八世紀に拡大する。しかし、その非人道性はクェーカー教徒や、モンテスキュー、スミス、ミラーなどの啓蒙思想家によって次第に告発されるようになり、大ブリテンでは一八〇七年に奴隷貿易が廃止された。奴隷制の全廃が法律でうたわれたのは一八三三年である。

あった。スコットランド啓蒙内部にトピック次第で保守と急進の大きな隔たりがあったということであり、その広がりは宗教論において最も大きかったように思われる。すなわち、片方に、ヒュームとケイムズの無神論に傾斜した**自然宗教***論、他方に奇跡と摂理、すなわち啓示宗教を守り続けようとするビーティ、**ターンブル**などのアバディーン派の立場である。

アバディーン啓蒙の思想傾向は、このことにも示されているように、エディンバラ、グラスゴウとは、かなり違っていた。やがて、アバディーン出身のトマス・リードがスミスの後任に選ばれ、スミスの道徳哲学の伝統は（その一部である法学をミラーに継承されるものの）断たれてしまうことになるが、それは後のことである。

スミスはこの宗教論争には関与しなかった。さしあたりスミスはグラスゴウ大学教授として研究と教育に邁進し、自然哲学、倫理学、法学、経済学を内容とする道徳哲学の講義を進めながら、自らの道徳哲学の構築に取り組んでいた。取り組まなければならない問題、克服しなければならない課題は、スミスの眼前に多数あった。

スミスは修辞学・文学の講義や法学の講義もおこなった。スミスはロマンティストではなく、リアリストであったから、かれの知的関心を刺激する社会問題は多数存在したが、しかし、パンフレット論争、政治論争に乗り出すことはしなかった。大学の知識人として、青少年の人間形成に密接に関係しながら、未来を開く思想と社会の原理の発見にスミスは集中したのである。

とはいえ、このグラスゴウ大学時代にスミスは、『エディンバラ評論』のために二つのエッセイを書いていた。スミスがパンフレットを

***自然宗教** 奇蹟のような超自然的な神の介入は信じないが、この世は全能の神によって造られており、したがって神の業の所産である自然には神の摂理が貫かれていると考えて自然を信頼する信仰である。したがって、理性によって神の業を知り得るとする理神論と重なるが、信仰への態度としては、敬虔主義から無神論に近いものまでありうる。

ターンブル Turnbull, George 1698-1748

スコットランド啓蒙の初期の世代に属し，アバディーン啓蒙にとっても重要な役割を果たした。アバディーン大学におけるリードの師。モールズワースと交流し影響を受けた。自然科学におけるニュートンの方法を道徳哲学に導入することを企図したことで知られるが，その所有論や政府論にはハリントンの影響も見られる。『道徳哲学原理』（1740年）や，ハイネキウス『自然法要綱』の英訳（1741年）などで知られ，また『自由教育論』（1742年）によって教育改革にも貢献した。

写真２　当時のスコットランド庶民の住居

書かなかったのは、『エディンバラ評論』の挫折のせいもあるのかもしれない。だが、少なくともスミスが何らかの教訓を得たことは確かであろう。

ジョンスンの『英語辞典』は、物怖じしない、いかにも鷹派のトーリらしい辛口のコメントで知られる。有名な「カラス麦」の項目はこうである。「イングランドでは家畜の飼料、スコットランドでは貧民の食料。」

『国富論』でスミスはこう応酬した。「確かにスコットランドの庶民にはオートミールがかれらの食物の主要で最上のものとなっているが、これは一般に、かれらの隣人であるイングランドの同一階級の食物にくらべるとはるかに劣っている。けれども、生活様式上のこの差異は、かれらの賃金上の差異をもたらす原因ではなくて、結果であるのに、人は奇妙に誤解して、生活様式の差異が原因になっているのだといっているのを私はしばしば耳にしたことがある。ある人は四輪馬車をもっているので富み、その隣人は徒歩で出歩くので貧乏だということではない。一方は富んでいるから四輪馬車を乗り回し、他方は貧乏だから徒歩で出歩くのである。」（『国富論Ⅰ』二二八〜九頁）すでにオックスフォード留学で経験し、今改めてジョンスンに再確認させられたイングランドとスコットランドの格差（写真２）の問題は、スミスの社会研究の重要なモチーフとなるとともに、ヒントともなったと思われる。

1　スコットランドにおける奴隷解放論については、拙著『社会の学問の革新——自然法思想から社会科学へ』（ナカニシヤ出版、二〇〇二年）第三章参照。

3　「編集者への手紙」（一七五六年）

スミスは、前述のように穏健派の書評誌『エディンバラ評論』の第一号（一七五五年）にジョンスンの『英語辞典』の書評、第二号（一七五六年）に「編集者への手紙」と題したヨーロッパ学界展望を執筆した。

スミスがその書評で問題にしたのは、ジョンスンの『英語辞典』は優れた辞典であるけれども、文法の説明は必ずしも十分でないということであって、スミスは接続詞「but」と名詞の「Humour」を例として取り上げて批評している。ちなみにヒュームは、大ブリテンにはろくな文法書がないと指摘していた。

第二号に掲載された「編集者の手紙」においてスミスは、本誌がスコットランドで出版された書物に書評対象を限定しているのには問題があると主張し、書評対象を拡大しないとすぐに種切れになること、そして実は今では注目に値する新しい学問と思想の興隆が、とりわけフランスに見られるのであって、大陸に目を閉ざしてはいけないと指摘している。わが国では内田義彦の紹介で有名になったこのエッセイは、スミスが最初に描いたいわば「ヨーロッパ近代学問史」であり、実際、三〇代はじめの少壮教授スミスの関心と見識をよく示していて、おおいに興味をひく。そこで、少し丁寧にこのエッセイを読んでみよう。

スミスによれば、スコットランドは今ようやく知的社会に登場したばかりであって、高い評判をとる著作はわずかしか生まれない。だからその書評誌がスコットランドの著作しか対象としないかぎり、読書界の関心を引きつづけることはありえない。したがって、スコットランドのまともな業績はすべて取り上げてよいが、さらに書評対象をヨーロッパ全体に広げて、少なくとも数十年は記憶されるような優れた業績を検討すべきである。外国人が注目するほどの学芸の成果は、今ではフランスとイングランドだけが生み出しているに過ぎないから、対象を広げてもさほど大変ではない。

ライヴァルであるこの両国の学芸を比較すれば、「想像力・才知・創意」は、シェイクスピア、スペンサー、ミルトンを筆頭とするイングランド人の才能で、「美的感覚・判断力・適宜性・秩序」はフランス人が優れている。自然哲学の大発見はイタリア、ドイツ以外にはすべてイングランドでなされており、フランスの貢献はほとんどない。**デカルト哲学***は、アリストテレス学派の体系に対して、「原理と結論」の「単純・正確・明快さ」において優越しており、フランス人がそれを特別に愛好、称賛したのは無理もないが、その愛着のために、フランスにおいては自然哲学の前進が妨げられた。

「けれども、彼らはいま、あの人をまよわす哲学の魅力から、かなり一般的に解放されているようですし、私は、新しいフランス百科全書のなかに、ベイコン、ボイル、ニュートンの思想が、あの国のすべてのすぐれた著作家たちの特徴である、秩序と明快さとみごとな判断力をもって説明されているのをみて、よろこんでいます」(『哲学』三一九頁)。

このように述べて、スミスが続いて紙幅をとって、立ち入って紹介し書評しているのは、**ディドロ**＝ダランベールの『百科全書』、ビュフォンの『博物誌』などの自然誌の企画、そしてルソーの『人間不平等起源論』である。

ディドロ Diderot, Denis 1713-84

フランス啓蒙を代表する思想家。1745年からダランベールとともに『百科全書』の編集に携わるが，危険な思想家として投獄された（1749年）。『百科全書』の出版は1751年から始まり，発禁，出版許可の撤回，ルソーなど執筆者との反目など幾度の障害に見舞われるが，1772年に最終的に完結した。ロシアのエカテリーナⅡ世の知遇を得て，蔵書の買い上げや年金の支給を受けた。無神論的哲学者として知られ，人民主権，代議政治などを主張した。

＊**デカルト哲学** ホッブズの同時代人であったデカルト(Descartes, 1596-1650)は、「われ思う、ゆえにわれあり」で知られる主観の明証性から出発して、森羅万象を説明する哲学体系を構築した。外界を分析して、思考を本性とする精神と、延長を本性とする物体を、共通性をもたない実体として取り出した（物心二元論）デカルトは、自然哲学を機械論的・幾何学的体系として展開し、動物も機械とみなした。人間には心身結合を認めたが、真の知はこの結合に由来する感覚知ではなく、心に先在する本有観念(idea innata)から生まれる理論知にあるとして、イングランド的な感覚主義を退けた。道徳においては自由意志を説いたが、この自由と必然の関係は説明できなかった。

◆『百科全書』◆

スミスはどのように『百科全書』を評価したのだろうか。第一にスミスは『百科全書』にそれぞれの主題を「自然で単純な秩序に配置する」フランス人の特別な才能を見ている。「イングランド人はもっぱら発明することに没頭」するだけで、有用さではそれに劣らない、整理され秩序だった体系的説明をおこなうことを怠ってきた。ダランベール、ディドロ、ドバントン、ルソー、フォルメイなどの二〇人以上の卓越した専門知識人が参加している『百科全書』は、この種の著作のうちで最も完全なものになるだろう。そこにおいて「たえず注意されているのは、それぞれの項目が、どの技術や科学に、そしてその技術や科学のどの部門に属するのか」であり、それぞれの項目は「それぞれの主題についての、完全で筋がとおりしかも批判的でさえある検討」である。項目は全般にわたっており、「数学・自然哲学・自然誌が完全に論じられているだけでなく、すべての機械技術が、それらが使用する各種の機械とともに、詳述されている。神学、道徳・良俗、形而上学、批評・美学、修辞学史、哲学、あらゆる種類の分派・見解・体系の著作史、古今の法学の主要学説、それどころか文法のもっとも微妙な細目のすべてさえも、まったく驚くほど詳しく説明されている」(『哲学』三二二頁)。もっともスミスは、幾人かの文体は辞典にそぐわない熱弁調であることや、「愛情」(amour)の項目には読者を啓発するものは何もないと指摘して、この企画もささいな欠点は免れていないとしている。

◆自 然 誌◆

「**自然誌***の完全な体系をふくむことを予想させる、王の陳列室の叙述は、ほとんどこれ『百科全書』に匹敵する広範な著作です」(『哲学』三二四頁)。これは大臣モルパ伯の命令で始められ、**ビュフォン**とドバントンによって実施されている。「植物の形成、動物の発生、胎児の形成、感覚の発達などについての、推理的で哲学的な部分」は、ビュフォンによるものである。ビュフォンの体系は仮説的で、発生の

＊**自然誌** 古典主義時代の知を象徴する分類学の代表として自然誌に注目したのは、フーコーの『言葉と物』(一九六六年)であった。それは未だ生物学には到達しない段階の知ではあるが、分類と記述によって自然の連続性を辿るという知の営みを通して、やがて系統樹が描かれ、系統発生の思想が生まれ、進化の概念、歴史的発展の思想が生まれることにつながっていく。スミスの議論には自然誌のもつ可能性の予感が感じられるように思われる。

写真3　『人間不平等起源論』の自然人（ルソー）を風刺する絵

原因については明確な観念を形成することはできないと思われるかもしれないが、「快適で豊富で自然な雄弁」で説明されていること、独自の実験と観察で検証されている点は評価できる、とスミスは言う。ドバントンの部分については「叙述の手際よさ、明確さ、適切さ」をスミスは評価する。

スミスによれば、レオミュールの昆虫誌も観察と実験の労作である。「たしかに、諸科学のなかで、自然誌にまさって、フランスで熱心に育成されているものは、ないように見えます。明確な叙述と正確な配列が自然誌家の値打ちの大きな部分を構成します。そしてこの研究はおそらくその理由で、特にフランス国民の才知に適しているのでしょう」（『哲学』三二五頁）。

ビュフォン　Buffon, Georges Louis Leclerc
1707-1788

18世紀フランスの博物学者。1739年に王立植物園園長となる。ニュートンの著作をフランスに紹介した。ルソーやヴォルテール，百科全書派とも親交をもった。「王立標本陳列館の描写」という文献作成に端を発した『自然誌（博物誌）』は，人間にとっての有用度で測る経験主義的分類や人間中心的な文学的記述などに特徴があり，その進化論的思想は神学者らの反論を招いたが，後世に与えた影響は大きかった。

4　ルソーとヴォルテール

◆ルソーの『人間不平等起源論』◆

最後にスミスが、エッセイの最後の三分の一以上を割いて論じているのは、ルソーの『人間不平等起源論』である（写真3）。イングランド人は自然哲学以外でも、すなわち道徳、形而上学、抽象科学においても独創的であり、この分野で独創的なフランスのものはデカルトの『省察』だけである。ホッブズ、ロック、**マンデヴィル**、シャーフツベリ、バトラー、**クラーク**、ハチスンは独創的であろうとした。イングランドの哲学のこの部門は、今ではイングランド人がまったく軽視しているようだが、それが最近フランスに移された。『百科全書』とドゥ・プイイの『快適な諸感情の理論』、とりわけルソーの『人間不平等起源論』に示されている。

スミスによれば、『人間不平等起源論』を「注意して読む人は誰でも、『蜂の寓話』の第二巻がルソー氏の体系を生み出したということに気づくでしょう」（『哲学』三二七頁）。ただしルソーにおいてはマンデヴィルの原理は「和らげられ改善され美化され」ており、「腐敗放縦の傾向」は拭い去られている。これがスミスの基本的見解であり、この見解にスミスはマンデヴィルとルソーのテクストの内在的な鋭い読みによって到達したのである。スミスは外見上の差異を貫いて、二人の人類史理解に共通性を見いだす。スミスの読みは相当に深く、よく考えられている。鋭く深い理解、周到な透徹した思考、それはすでに若いスミスの特長となっている。

マンデヴィルは「人類の原始状態」を最も「悲惨」に描いているが、ルソーは逆に「最も幸福で人間の本性に最も適したもの」として描いている。しかし、二人は人間の「強力な本能」が社会を求めさせるとは想定していない。前者は、原始状態の悲惨さが、不快な救済手段としての社会に頼らざるをえなくしたととらえ、後者は、不運な偶然の出来事が「野心という不自然な情念と優越性へのむなしい欲求」を生み出させ、致命的な結果

マンデヴィル Mandeville, Bernard de 1670？-1733

オランダ生まれの医師で，後にイングランドに帰化。『蜂の寓話』（1714年）で，当時の政治や社会，経済を風刺し大きな反響を呼び起こした。同書でマンデヴィルは，個人の自由な利己的な活動が，巧妙な為政者の管理の下で，結果として公共の利益を増大するという有名なパラドックスを展開した。「意図せざる結果」への着目でヒュームやスミスの先駆とされる一方で，奢侈の肯定による有効需要論の創始者ともされる。

クラーク Clarke, Samuel 1675-1729

ニュートンの弟子として，ニュートンの科学と神学・道徳との調和を企図した。アン女王の牧師を務めるなど，牧師としても高名であったが，アリウス主義者の嫌疑をかけられカンタベリ大司教への道を閉ざされた。2度のボイル講義（1704，1705年）によって名声を得たが，その神学や道徳論はヒュームなどにも大きな影響を与えた。ライプニッツ・クラーク論争においては，ニュートンの助言を受けつつ，主意主義の立場から，主知主義者ライプニッツと論争を交わした。

にいたったとしている。

「二人とも、人間を、社会のなかに一緒に生活するのに適したものとする、すべての才能、習慣、技術について、同じく緩やかな進歩と段階的な発展を想定していますし、この進歩をかなりよく似た仕方で叙述しています。両者によれば、人類の間で現在の不平等を維持している正義の諸法は、もともと、狡猾な人間と強い力をもつ人間が、彼ら以外の同胞の人間に対して不自然で不正な優越性を維持するか、あるいは獲得するための、発明物であったのです」（『哲学』三二八頁）。

この最後の引用文は、修正されてスミスの思想となる。国家は富者が貧者の強奪から自らを守るためにつくられた、とスミスは理解する。人間が生まれつきもっている唯一の愛すべき原理（本能）をマンデヴィルも「憐れみ」だとしているが、その憐れみからルソーは徳性が生まれるとするのに対して、マンデヴィルはすべての徳性の存在を否定する。この点はルソーのマンデヴィルへの批判となる。けれども、憐れみは、洗練され教養をもった人より、不品行な人間や**未開人***のほうがもっていると考えている点においては、二人は同じである。

以上が、マンデヴィルとルソーの比較である。次にスミスは、「未開人の生活」が遠くからは一般にどう見えるかに考察を進める。「未開人の生活は、われわれがそれを遠くからみれば、たいへんな怠惰な生活か、偉大で驚異的な冒険の生活かと思われる」のであるが、人間にはそうした二つの生活への「自然な趣味」がある。だから、「若者の情熱」は「羊飼いの怠惰な生活の楽しみを描写する田園詩」にも向かえば、「最も危険で途方もない冒険を叙述する騎士道とロマンスの書物」にもひきつけられるのである。スミスはアラン・ラムジーの『やさしい羊飼い』やセルバンテスの『ドン・キホーテ』を思い出しているのだろうか。田園生活への憧れ、冒険譚への関心はスミスの時代の趣味に限らないであろう。スミスによれば、したがって、「われわれは、未開人の生活態度についての叙述のなかで、両者に出会うことを期待しますし、この主題をとりあつかうことを意図した著書が、読書界の好奇心をかきた

* **未開人**　未開人は啓蒙思想家にとって、文明人と比較して考察すべき興味深い対象であった。未開人が神の観念や倫理をもつことは、つとに探検家が確認していたが、激しい文明批判を行うルソーのような思想家にとっては、未開人を高貴に描くことが格好のレトリックであった。ルソーは森の住人だけでなく、農民にも高貴な未開人のモデルを求めた。ディドロはタヒチを楽園として描いた。スコットランドでは勇猛なハイランド人の記憶が、未開人の野蛮さを教えていた。しかし、純朴な農村生活は英国人をとらえ、農本主義と未開への憧れは融合する場合もあった。スミスは、未開人は有徳であるといった幻想を抱かなかったが、文明人を美化することもなかった。ただし、スミスは文明の恩恵と人間の情念の洗練は肯定的に見ていた。

てなかったことは一度もありません」（『哲学』三三九頁）。

スミスは続ける。「ルソー氏は、未開人の生活を、どんな生活に比べても最も幸福なものとして描くことを意図し、その怠惰な側面だけを見せてくれました。それを彼はまったく最高に美しく快適な色彩で示すのであり、その文体は苦労と研究を重ねた優雅さではあるけれども、どの部分も十分に意を用いたものであって、時には崇高で感動を与えます。少しばかりの哲学的薬味の混じったこの文体のおかげで、放蕩なマンデヴィルの原理と思想が、ルソーにおいて、プラトンの道徳論の純粋さと崇高さのすべてをそなえているように思われるのですし、また少々行きすぎた共和主義者の唯一真正な精神であるように思われるのです」（同）。

ルソーの『人間不平等起源論』は二部に分けられ、第一部は「人類の孤独な状態」、第二部は「社会の端緒と段階的進歩」を描いている。すべてはレトリックと描写からなっているので、分析しても無駄であろう。だれも正しい理解は得られないだろうからである。このように述べてスミスは理論の書として読むことの困難を指摘している。最後にルソーの雄弁の例証として、未開状態から社会状態への移行にともなう大変化を説明したルソーのかなり長い三つの文章をスミスは引用している。

このエッセイは、最後に、現代の詩人は前代の詩人に劣るように見えるが、イングランド、フランス、イタリアには劣らない人がいることにふれ、メタスターシオとヴォルテールの名前をあげている。スミスによれば、フランスきっての「最も普遍的な才知」である「独創的な」ヴォルテールの『シナの孤児』は、「シナ人の徳性の残虐さとタタール人の粗野、蛮行が、素晴らしい上品さを壊さずに、フランスの劇場で上演された」が、これは「気持ちのよい」ことでもあれば「驚くべき」ことでもある。

ルソーは人間の本源的な感情を「自己愛」(amour de soi) と「憐れみ」(pitié) とに還元した。この二つの原理＝本能から本源的な人間の行動を説明できるというのが、ルソーの鋭い洞察であった。のちに見るように、『道徳感情論』のスミスもまた「利己心」と「同感」という二つのキー・ワードから理論構築を出発させている。ルソーは明らかにスミスに強いインパクトを与えたのである。

ルソーのスミスへの影響という問題は、誰よりも先駆けて内田義彦が鋭く追究し、最近になって、ようやく欧米でも問題にされるようになったトピックである。[1] スミスの独創的な思想の展開を理解するために、秘められたスミスにおけるルソーとの対決の姿を掘り起こすことは、有効であり、興味深い。

他方、スミスが末尾で賛美したヴォルテールは、スミスが尊敬した思想家であった。[2]

◆リスボン地震◆

『エディンバラ評論』が刊行されはじめた一七五五年にはリスボンで地震が発生し、ポンペイ以来の最大の災害となった。たくさんの家が倒壊し、多くの人が犠牲となった。都市は壊滅し、一説には三万人が死んだという。神戸震災（阪神淡路大震災）を上回る規模である。大ブリテンの大ピットの率いる政府は、さっそく人道的な義捐金を送った。しかし、この惨事は思想問題を突きつけることになった。有神論者には二重の衝撃であった。かくも重大な惨事が起こるとは、神はなんと無慈悲なことか、という疑念が多くの人々の胸に浮かんだであろう。地震はカントに筆をとらせ、ゲーテの宗教観に影響を与えた。また地震の意味をめぐって、ヴォルテールとルソーの間で論争が展開された。**神義論**＊の問題である。神の正義はこのような悲惨な出来事を容認するものなのか。だとすれば、それはなぜか。

ヴォルテールは、リスボン地震の直後にこの地震をテーマとする長い詩を公にした。この世は最善の世界であり、すべては最善に仕組まれているというライプニッツの世界理解、楽天主義が、世に受け入れられていることが我慢ならなかったのである。この世は、悪、不正、災害に満ちている。人間は様々な出来事に翻弄され、その運命は幸運どころではない。悪が満ちているから、ライプニッツのような神義論を認めるわけにはいかないのである。

このようなヴォルテールの見解にたいして、ルソーは『ヴォルテールへの手紙』（一七五六年）におい

＊神義論（弁神論・Theodicy）
「神」（theos）と「正義」（dike）を組み合わせたライプニッツによる造語。悪の存在に対して創造主である神を弁護する議論であるが、広くは神の存在と人間の自由意志の関係における悪の問題に関する議論もさす。ライプニッツは『弁神論』において（一七一〇年）、善意をもつ神によって創造された世界は善いものであり、不幸や悪があっても全体的には調和しているはずであるという最善説の立場に立ち、神の正義と悪の存在が矛盾していないことを示そうとした。その楽天的世界観は、やがてヴォルテールやカントの深刻な批判を招くことになった。

て、ライプニッツの見解を弁護した。

のちにヴォルテールは『カンディード、または楽天主義』（一七五九年）を書いて、この世は悪に満ちているけれども、「なにはともあれ、わたしたちの畑をたがやさなければならない」という言葉でしめくくった。ストア派のように諦観することも、悲観することもない。自分たちの努力でできることをすればよい。これがヴォルテールの哲学である。

当時リスボンは、気候も良く、良港にも恵まれているために、保養地として繁栄し、歓楽街に人々の賑わいがあった。グラスゴウ大学の道徳哲学講座におけるスミスの前任者のクレーギーという人物は、病気の療養のために、講義はせずに、リスボンに滞在していた。のちに**フィールディング**は『リスボン旅行記』（死後出版）を書いたが、リスボンは人気のある都市だったのである。いずれにせよ、リスボン地震は、それを知る人に激しい「同情」と「共感」をかきたてたのである。

リスボン地震のスミスへのインパクトについては、内田義彦がいち早く考察した。『道徳感情論』で「大清帝国の地震」としてスミスが触れている文章が、実はリスボン地震を意味するのだ、と内田は言う。この『道徳感情論』はスミスの最初の著書である。数年間の道徳哲学の講義を通して、スミスの思想は深化し、体系化され、ようやく『道徳感情論』は一七五九年に出版された。時にスミスは三六歳ほどであった。

1　内田義彦『経済学の生誕』（未來社、一九五三年、増補版一九六一年）

フィールディング Fielding, Henry 1707-54

サマセットシャーの名家に生まれ，イートン校およびライデン大学（オランダ）で学んだ。帰国後，劇作家・風刺作家となりウォルポール政権の批判などを行った。1748年にはウェストミンスター治安判事となり，ロンドンの治安回復に功績をあげた。作家としては，「散文による喜劇的叙事詩」と自ら名付けた独自の作品を発表し，『トム・ジョーンズ』（1749年）などによって，18世紀大ブリテンを代表する小説家といわれ，スコット，ディケンズなどに影響を与えた。

七八～九五頁、また拙著『スコットランド啓蒙思想史研究』（名古屋大学出版会、一九九一年）二四五～二五七頁を参照。専門的になるが Leigh, Rousseau and the Scottish Enlightenment, *Contributions to Political Economy*, Vol. 5, 1986, Ignatieff, *The Needs of Strangers*, 1984. Ch. 4（M・イグナティエフ〔添谷育志・金田耕一訳〕『ニーズ・オブ・ストレンジャーズ』風行社、一九九九年、第四章）, Smith Rousseau and the Republic of Needs, in *Scotland and Europe, 1200-1850*, ed. by Smout, 1986 がこの問題を追究している。

2　水田洋は、ルソー以上にヴォルテールの影響を『道徳感情論』の改訂に絡めて重視する。

第3章　スミス三六歳――『道徳感情論』出版

1　スミスの道徳哲学体系

スミスは、グラスゴウ大学（写真1）における道徳哲学の講義を通して、人間と社会についての自らの見解、思想を深化するとともに体系化していったが、その一部はようやく一七五九年に『道徳感情論』と題して、ロンドンのミラー書店とエディンバラのキンケイド＝ベルから出版された。時にスミスは三六歳であった。

啓蒙の時代にあって、スコットランドの大学の道徳哲学講座は、まさにスコットランドの学問と思想を代表する講座であり、したがって道徳哲学はきわだって重要な学問であった。著名な教授となったのは、グラスゴウ大学ではハチスンとスミス、エディンバラ大学ではファーガスンとD・ステュアート、アバディーン大学ではリード――ただしリードはスミスの後任としてグラスゴウの教授ともなった――とビーティなどであった。

ヒュームの『人間本性論』も、内容からみれば、人間哲学と道徳哲学の体系的展開に他ならない。ただし、ヒュームを道徳哲学者とは普通は呼ばない。それはヒュームがとりわけ認識論に功績のあった哲学者として評価されてきたからであろう。しかし、同時代において、ヒュームは哲学者であると同時に、あるいはそれにもまして歴史家として知られていた。また近年のヒューム研究の成果を踏まえたとき、ヒュームを改めて道徳哲学者——啓蒙の時代の広義の道徳哲学者は社会哲学者というに近い——として理解することは、むしろ正当であるともいうことができよう。

一九世紀になると社会諸科学が分化し、専門化がいっそう進むのであるが、一八世紀には、人間と社会の全般を対象とする包括的な学問としての道徳哲学が存在したのである。そしてアダム・スミス自身が示しているように、この道徳哲学という分野から、次第に、倫理学と法学と経済学が分化し、独立していくのであって、部分的な先駆者はいた——ヒュームはまぎれもないその先覚者であったが——としても、その決定的なスタートを切ったのも、まさにアダム・スミスその人だったのである。

写真1　1762年のグラスゴウ大学

一七五二年に道徳哲学講座に転じたスミスは、道徳哲学の教授として狭義の倫理学だけでなく、法学や経済学、そして自然哲学を含む自然神学まで講じたと言われるが、それ以外に修辞学・文学の講義もおこなった。

このように道徳哲学の教授として、古今のヨーロッパの学問的蓄積と人間と現実社会の幅広くかつ深い研究と洞察を基礎に、スミスが書いた『道徳感情論』（*The Theory of Moral Sentiments*, 1759）は独創的な書物であった。『道徳感情論』は刊行当時から世紀の終わり頃まではよく読まれ、生前第六版まで版を重ねた。しかし、『国富論』とちがって、『道徳感情論』は、打算的、計算的なタイプの功利主義——ブルジョア精神——の支配した一九世紀、ヴィクトリア朝には読まれることが少なく、むしろ忘れられ、再び現代になって、とりわけ第二次大戦後に復権を遂げた作品であって、今では一八世紀以上に広く関心を集めるようになった書物である。今では、少なくとも研究者の間では、『国富論』以上によ

写真2　『道徳感情論』1759年初版

く読まれているかもしれない。その理由は後に判明するであろう。

スミスの最初の著書『道徳感情論』は大好評でむかえられたが、根源的な批判も提出された。そのような批判に応えるべく、スミスはすぐに改訂第二版を出した。その後もこの著作の改定に余念がなく、『道徳感情論』は、先に述べたようにスミスの生前に六版を数えたのである。こうして改版のたびに漸次改訂増補がなされ、第六版では大幅な加筆がなされた結果、初版の思想は改訂のおこなわれた約三〇年間に相当に変容を遂げたように思われる。したがって、このような思想の変容をたどる必要があるが、まず本章では、初版の基本思想の要点と第二版の改訂とを見ておこう。

◆初版『道徳感情論』の基礎理論◆

『道徳感情論』初版（写真2）は次のような六部から構成されている（第六版は七部まで）。

- 第一部「行為の適宜性について」（Of the Propriety of Action）
- 第二部「功績と罪科、あるいは報償と処罰の対象について」（Of Merit and Demerit ; or of the Objects of Reward and Punishment）
- 第三部「感情と行動についての判断の基礎、および義務感について」（Of the Foundation of our Judgments concerning our own Sentiments and Conduct, and of the Sense of Duty）
- 第四部「是認の感情に効用が与える影響について」（Of the Effect of Utility upon the Sentiment of Approbation）
- 第五部「道徳的是認の感情と否認の感情に習慣と流行が与える影響について」（Of the Influence of Custom and Fashion upon the Sentiments of Moral Approbation and Disapprobation）
- 第六部「道徳哲学の諸体系について」（Of Systems of Moral Philosophy）

これに第六版では、「徳の性質について」（Of the Character of Virtue）が付け加わって第六部となり、それまでの第六部は第七部と変更される。

書名が示すように、本書のテーマは道徳理論の構築にある。しかもそれを理性論（合理論）としてではなく、感情論として構築しようというのである。道徳を感情の系列である感覚に基礎づける試みはシャーフツベリ（モラル・センス説）に始まり、ハチスン（モラル・センス説）を経て、やがてトマス・リード（*コモン・センス説）へと受け継がれていく。そのような意味で、スミスも大きくは、この道徳感覚学派に属すとみてもよいが、厳密に言えば、スミスの立場は違っていて、スミスは、感覚ではなく感情に基礎づけるという、一歩ひねった立場にたったのである。

『道徳感覚学派』（一九三〇年）という題名の本を書いたボナーと『道徳感覚』（一九四七年）という本を書いたラフィルという二人の学者がいる。前世紀から戦前に活躍したボナーはその本でスミスも入れて論じているのに対して、現代の研究者であるラフィルはスミスを省いている。これは明らかにラフィルのほうが妥当である。

◆適宜性、慎慮、慈愛◆

スミスは初版第六部で道徳哲学の基本問題は二つの問題、「徳性はどこにあるか」という問題と、「徳性」を推奨する精神の力は何であるか、すなわち是認と否認はいかにして起こるかという問題（『感情論』三八八頁）からなるとして、その観点から道徳哲学史を整理している。徳を何に求めるかに関して、スミスは、適宜性、慎慮、慈愛に分類できるとし、道徳哲学の体系を三種類に分類している。

徳を適宜性に求めた代表は、スミスによれば、古代のプラトン、アリストテレス、ゼノン、近代のクラーク、ウォラストン、シャーフツベリである。

徳を慎慮とした代表は、エピクロスである。

徳を慈愛に求めたのは古代では折衷主義者たち、近代ではカドワースとハチスンである。スミス

＊**コモン・センス（common sense・共通感覚、常識）** アリストテレスに起源をもつ概念であり、五感を統合して判断を行う能力を意味する。スコラ哲学によって概念として洗練され、「生活のありふれた出来事において指針となるような」ものとして、リードなどのスコットランド常識哲学に継承された。もっとも、スコットランド常識学派のコモン・センス概念は、むしろアリストテレスの「通念」やキケロの「社会通念」に近いとされる。自明の真理を判断する能力として、証明を伴う真理の認識能力である理性とは区別される。

はハチスンについて「古代および近代の、この学説のすべての支持者のなかで、疑いもなく、あらゆる比較を越えて、最も鋭く、最も独特で、最も哲学的であり、すべてのなかでいちばん大事なことに、最も謹厳で思慮ある支持者であった」（『感情論』三七五頁）と絶賛しているが、ハチスンの立場を直接継承したわけではない。すなわち、スミスはハチスンとともに慈愛が愛すべき徳性であることは認めたが、ハチスンの欠陥は、適宜性論者が説いた自己規制という畏敬すべき徳性と、慎慮や節制のような下級の徳性を無視したことにあると批判した。さらにスミスは自愛心に一切の徳性を認めないハチスンの見解に反対して、自らの私的な幸福と利害関係に対する顧慮は、誉められてよい原理（本能）であるように見える（『感情論』三七九頁）と述べた。

第二の問題について、スミスは自愛心、理性、感情のいずれかから判断を導き出す立場を区分し、第一の学派の代表をホッブズとし、第二の代表を**カドワース**、第三の代表をハチスンとし、自らの立場をハチスンに近いものとした。ハチスンは善悪正邪を区別する能力を道徳感覚に帰属させた。ハチスンは、この道徳感覚は、視角、触覚、味覚などのような外部感覚に類似した直覚的な感覚と考えたが、さらにわれわれが他の人々の状況を了解するとき、われわれの心が自然に彼らに対する同胞感情を抱く同感的感覚をもつことも認めた。こうしたハチスンの道徳感覚の説明をスミスは高く評価しつつも、この原理を退けた。スミスは道徳感覚という言葉は新語であって、神の被造物としての人間における是認の原理が道徳感覚に由来するのであれば、それを指し示す言葉がこれほど長く見つからなかったはずはない（『感

カドワース Cudworth, Ralph
1617-1688

ヘンリ・モアとともにケンブリッジ・プラトン学派の重鎮。ウィチカットを祖とし，「ピューリタンの神学校」と呼ばれたケンブリッジ大学エマヌエル・カレッジを中心に形成されたケンブリッジ・プラトン学派は，反カルヴィニズムと反ホッブズ主義（反唯物論・無神論）によって特徴付けられる。カドワースは，『宇宙の真の知的体系』（1678年）で無神論に反論したほか，『永遠で不変な道徳性』（1731年）や『自由意志論』（1838年）が死後に出版された。

情論』四一四頁）と言う。

こうしてハチスンを退けたスミスにとって、ヒュームの説はいっそう自説に近いものであった。ヒュームは道徳判断を感情にゆだねるという点でスミスと一致していた。

われわれは、ある対象の所有者が示す快楽から、ある種の満足＝是認を得るが、「その対象は、ある結果を生む傾向によってのみ、快楽を与える。その結果とは、ある他の人物の快楽あるいは利益である」が、他方、「われわれが少しも親交をもたない見知らぬ人の快楽は、同感によってのみ、われわれに快楽を与える。」[1]ヒュームは快楽を効用と同じものとし、是認の原理としての効用の原理は美的感覚にもあてはまると考えた。スミスは、このようなヒュームの見解をある程度認めたが、しかし「是認の感情はつねにそのなかに、効用の知覚とはまったく異なる適宜性の感覚を含んでいる」（『感情論』二八七頁）と主張し、単純な是認＝効用説を批判した。

こうしてスミスは、徳をめぐる基本問題について、同感、理性、想像力、観察者等の概念＝道具立てを駆使することによって、ハチスンとヒュームの議論を継承発展させるとともに、また慈愛＝愛すべき徳性、自己規制＝畏怖すべき徳性、慎慮＝下級の徳性について相応の議論をおこなうことによって、前述の三つの伝統からそれぞれ一部の議論を取り入れ、その上で、適宜性概念を中心にした独創的な道徳理論を構築した。ではどのように構築したのか、さっそくその骨格を見てみよう。

1　D・ヒューム〔大槻春彦訳〕『人性論4』（岩波書店、一九五二年）一八六～七頁。

2　スミスの道徳理論

◆同感と想像上の立場の交換◆

スミスは行為者ないし当事者と傍観者という異なる立場の二者のそれぞれの感情を考察し、二者の感情の交流のメカニズムを解明しようとする。その分析は精緻をきわめると言って過言でない。

ここでは、いかに人間の感情と行為が道徳的に是認される——しかも感情によって——のか、メカニズムを解明することに主題が置かれている。そしてスミスは、一般的に、あるひとの感情や行為が道徳的是認を得られるかどうかは、傍観者の同感が得られるかどうかにかかっているとする。すなわち、スミスによれば、あるひとの感情や行為が適切であるかどうかという判断は、他人の感情が是認するか否認するかによって決まるのである。この**同感***（**Sympathy**）の概念がキーワードである。[1]

スミスは傍観者の同感＝共感を、想像上の立場の交換（Imaginary Change of Situation）としても説明している。スミスは、人間の想像力がおのずから観察対象の感情を間接的に感じ取ることができるということを、決定的に重視する。人間は自分の感情や行為の道徳性を自分で直接に判定することはできない。人間はまずは自己中心的に造られているから、客観的な判断はいったんは他人の目を通す必要があるというのである。このように、スミスは道徳的判断というものを他人の評価に依存する、社会的なものとしてとらえる。

しかし、各人＝行為者が最初から他人の目を意識し、社会を意識して、他人が是認するように行為すればよいのではないだろうか。もちろんそうである。しかし、行為者が自分を社会のなかに位置づけ、社会的承認を得られるように行為することは、そのように行為しない人間も存在するから、本能的に決定されているのではなく、経験を通して学習することによってしか可能にならないであろう。社会のなかに生まれ、社会のなかで育つ人間が、道徳的に妥当な行為をおこないうる主体になるのは、スミスが

* **同感（共感 sympathy）**　ハチスンの道徳的是認を道徳感覚に求める立場を一歩すすめたヒュームは、道徳的是認の感情を同感として把握したが、スミスは同感を、是認・否認の双方を説明する概念に拡張して用いた。すなわち、当事者の感情に対する瞬間的な想像力の作用がもたらす感情の励起が同感であって、悲しみには悲しみが、喜びには喜びが喚起されるというメカニズムが人間にはあるというのである。他方、当事者にも観察者の感情を感じ取る能力が働くという考察から、スミスはさらに進んで、想像上の立場の交換を通して相互に適切な感情の交流が可能になると説いた。その際、感情のメカニズムは異なった方向に作用する。すなわち、当事者は自ずと自らの感情のレヴェルを下げるし、傍観者は当事者の感情を同感するのだから、自らの感情のレヴェルを高めることになる。こうして感情レヴェルでの理解が可能になることから共通の道徳的判断に接近できることになり、人間の社会性がこの点からも論証されることになる。

言うような他人＝傍観者の評価に直面し、他人の是認と否認を繰り返し経験することによって、次第に行為の基準を理解し習得するからに他ならないであろう。社会的交際のなかで、行為者は観察者を理解しようと努力し、観察者は行為者を理解しようと努力するのである。

利己心を原動力・生命力として生きている人間の自己中心性と同感との関係について、スミスは次のように説明している。

「人間は生まれつき同感的（sympathetic）であるとはいえ、他人にふりかかったことにたいして、その主たる当事者が自然にかきたてられる感情と同程度のつよさの感情を抱くことは決してない。人間の同感の基礎である想像上の立場の交換は、瞬間的なものにすぎない。自分自身は安全だという思い、自分は実際には受難者でないのだという考えが、絶えず邪魔をするのである」（『感情論』二七頁）。

これは人間の自己中心性、同感の限界の指摘であるが、しかしそれで基本的に不都合はないというのがスミスの考えである。むしろ、観察者が当事者と同じレヴェルの感情になるとすれば、感情では両者の区別がないことになってしまって、観察者も当事者も事態の冷静な判断ができなくなるであろうし、社会秩序はむしろ混乱するであろう。同感に限界があることが、道徳的秩序を可能にするのである。

◆二種類の徳――人間愛と自己規制◆

スミスはこう続けている。

「**自然**[*]は傍観者に主要当事者の事情を自分の事情と想定するように教えるが、同様に自然は、主要当事者にたいして、観察者の事情をある程度自分のものと想定するように教える」（『感情論』二八頁）。「この二つの違った努力のうえに、すなわち、主要当事者の感情に入りこもうとする観察者の努力と、自己の感情を観察者がついていけるものにまで引き下げようとする主要当事者の努力とのうえに、二つの違っ

＊ **自然（Nature）** ここでは創造主としての神と読み替えてよいが、西洋思想史における自然の概念は、最も理解が難しいものの一つである。スミスについて言うと、自然科学という場合の自然、人間本性の自然、事物の自然のなりゆきという言葉で表現されるような、人為を超えた自然が区別されていることに注意すべきであろう。商品の価格に関する自然価格という概念もある。これはその時々の需給関係に起因する価格変動を貫いて変動の中心にあると想定される価格であって、事物の自然のなりゆきという場合の自然に入るであろう。これは個々の意図を越えたものであるから、意図せざる結果という概念とつながってくる。

た組の徳（virtues）が基礎づけられる。優しく、穏やかで、愛すべき諸徳性、率直な謙遜と寛容な人間愛（humanity）は前者に基礎づけられ、偉大で、畏怖すべく、尊敬すべき諸徳性、自己否定、自己規制、われわれの本性のすべての動きを、われわれ自身の尊敬と名誉およびわれわれ自身の行動の適宜性（propriety）が要求するところに従属させようとする情念規制の諸徳性は、その起源を後者にもつ」（『感情論』三〇頁）。

このようにスミスは徳を二種類に区別する。自己統制力と同胞愛、すなわち自分の感情を堪え、高まらないように規制する徳と、他人を理解しようとし、他人に優しく感情を注ぎ込む慈恵の徳という二種類である。この方向を異にする二種類の徳は、なるほど、徳が卓越であるかぎりは、その程度が大きければよいということになるであろうし、厳しく自己統制できる人、どこまでも他人に寛大で慈恵的でありうる人をスミスは評価しないわけではない。しかし、スミスの力点は卓越にはあまり置かれていない。実際にはスミスはそのような卓越を普通の人間に要求しているわけではないのである。否、むしろ一般的に、徳も度を越さない方がよいのだというのが、スミスの主張であると解釈することも不可能ではない。スミスのレトリックはそのような解釈の余地を残している。スミスはこう述べている。「多くの場合、最も完全な適宜性をもって行為するには、人類のうち最も無価値なものにさえある、普通の日常的な程度の感受性あるいは自己規制しか必要でない」（『感情論』三三頁）。「ひとは、富と名誉と地位を目指す競争において、全ての競争相手を追い抜くために、できる限り力走してよいし、あらゆる神経、あらゆる筋肉を最高に用いてよい。しかし、競争相手の誰かを押し退けるか、投げ倒すかすれば、観察者たちの寛大さはすべてなくなる。それはフェア・プレイの侵犯であって観察者の許し得ないことである」（『感情論』一三一頁）。

このように、行為の適宜性とはフェア・プレイを守ることであり、それが正義であるとスミスは主張する。しかもスミスの力点はそこに置かれているのである。普通の人間が普通の程度の自己規制をすれば、フェア・プレイを守ることができ、したがって最も完全な適宜性をもって行為できるのだというこの主張に、スミスの寛大なヒューマニズムを感じとることができるであろう。こうして、正義はいかなる社会にとっても必要条件であり、社会存立にとっては必要十分条件だということになる。

◆正義と慈恵◆

「相互の愛情と愛着がないにしても、その社会は幸福さと快適さは劣るけれども、必然的に解体することはないだろう……しかし、社会は、互いに害を与えようと待ち構えている人々の間では存立できない。だから慈恵（beneficience）は正義ほど社会の存立にとって不可欠ではない」（『感情論』一三四頁）。

このように述べて、スミスは正義は社会の大黒柱であり、文法の規則のようなものだと説明している。そしてそれがスミスの強調点であると言ってよい。しかし、最後の引用文を逆に読めば、社会に何を求めるかによって、正義は必要十分条件とは必ずしも言えない、という主張とも読むことができるであろう。ひとびとが快適な社会を求めるとき、正義は必要条件であり続けるが、慈恵もまた必要となるのである。そして社会というものは存続さえすればよいというものではないとすれば、慈恵の重要性は否定しがたい。けれども、スミスがこのように明確な優先順位をつけていたことは記憶すべきである。

スミスは、このような立場の交換の論理を踏まえて「**公平な観察者**」*の概念を導入する。それは実際の観察者ではなく、観察者の反応を通して形成されるもの、当事者が自己を道徳的に判断する想像上の観察者であって、想像力の産物である。たんなる知人からは友人からより少ない同感しか期待できないであろう。まして見知らぬ人々からはいっそう少ない同感しか期待できない。中立的な観察者は見知らぬ人と同じように少ない同感しか与えないであろう。したがって当事者は公平、中立的な観察者の同感を基準として自分を判断すべきである。

* **公平な観察者**　スミス独自の用語で、しかもスミス倫理学の最も重要な概念の一つ。人は私的利害を離れて公平な立場に立って道徳判断をしなければならないが、そのためには自分の心のうちに公平な観察者を想像することが必要であるとスミスは考えた。しかし公平なだけではだめで、「よく事情に通じた公平な観察者」となることを、後の版でスミスは求めるようになる。

以上が『道徳感情論』におけるスミスの基礎理論であると言ってよい。すなわち、人間が道徳的存在でありうるためには、ほんの少し努力すればよいだけだというのが、スミスの基本的な主張であった。

社会には守るべきルールがある。そのルールの根本は行為者と観察者との立場の交換、同感という感情の交流を通して、経験的に会得されるとスミスは説いた。もちろん社会には実定法が存在し、行為の規範が規定されている。しかし、そのような規範の正当性は超越的なものではなく、ひとびとのこのような経験を通して、行為の社会的是認のメカニズムとしての立場の交換を通して理解され、逆に基礎付けられるのである。そしてこうした同感のメカニズムを通してその正当性が了解されないような社会的慣習やルールがあるとすれば、それは批判され、廃止されなければならないであろう。スミスはそこまでは主張していないが、同感論はそのような社会批判、実定法批判の理論ともなりうる。

『道徳感情論』の第四部には、慎慮の徳の重要性を指摘する議論がある。すなわち、スミスは、人間にとって最も有用な資質は第一に理性と理解力、第二に自己規制であって、この二つの結合に慎慮の徳(virtue of prudence)があると述べているが、これも以上の主張の系論として、違和感なしに読むことができるであろう。

『道徳感情論』の出版は成功であった。その年の四月にヒュームはスミス宛ての手紙で、ロンドンでの歓迎ぶりを報告した。

「賢者の王国は彼自身の心です。かりに彼がそれ以外のものを求めるとしても、ただ偏見のない、そして彼の仕事を検討する能力のある少数の選ばれた者の判断にのみ頼るべきでしょう。まことに大衆の承認ほど大きな誤りはありません。……貴兄の本はたいへん不運でした、というのは世間がこれをひどく称賛したがっているようにみえるからです」[2]。

ヒュームとウェダバーンは、手元にある何冊かを「正当に評価でき、かつその評判をひろめるのに適

写真3　アーガイル侯爵（1682〜1761）

当とおもわれる知人」[3]として、アーガイル侯爵（写真3）、リトルトン卿、ホリス・ウォルポール、ソーム・ジェニンズ、バークなどに送っておいたらしい。アーガイル侯爵、リトルトン卿、オズワルド、タウンゼンドなどの好評をヒュームは皮肉たっぷりに伝えた。「イングランドで一番利口な人だといわれているチャールズ・タウンゼンドは貴兄の仕事にすっかり感じいって、バックルー侯爵をこの著者に託したい、そしてその責任をひきうける労にたいしては十分報いたいとオズワルドに語りました」[4]。

七月末の次便でヒュームは、さらにバーク、ジェニンズ、**フィッツモリス卿**（のちのシェルバーン伯爵）、ヨーク氏（チャールズ・ヨーク）などの好評を伝えるとともに、ヒューム自身は、あらゆる種類の同感はすべて快いというスミスの見解に疑問をもっていると伝えた。

「あらゆる種類の同感は快いものだという点をもっと詳細かつ十分に証明してほしいのです。この点は貴兄の体系のかなめであるにもかかわらず、貴兄は……ざっと述べておられるだけです。ところで、同感には快いものもあれば、不快なものもあるのではないか。事実、同感という感情は主たる感情の反映でありますから、それと性格を同じくしなければなりません。そこで後者が悲痛であるならば前者も同様でなければならないはずです。なるほど、われわれが完全に同感をもちうる人間と話をしているとき

フィッツモリス卿　Lord Fitzmaurice, William Petty, 2nd Earl of Shelburne 1737-1805

大ピット（初代チャタム伯）のもとで国務大臣を務めた（1766-68年）が，アメリカ植民地との宥和政策を主張して辞任した。ロッキンガム政権で再び国務大臣となり，ロッキンガムの急死後，首相となり，小ピットを蔵相に引き立てた（1782-83年）。パリ講和条約によってアメリカの独立を承認した。1784年に初代ランズダウン侯爵に叙されたあとは政界から引退した。国民の間では人気が無かったものの，開明的な思想をもちプライスやプリーストリ，ベンサムの庇護者として知られている。

には、すなわちあたたかい親密な友情が通っているときには、そのような交渉のもつあたたかな率直さが不快な同感のもつ苦しさをおさえつけてしまいます。しかし、通常の場合にはそうはいきません。……悲劇における喜びを、涙や悲しみや同感と区別して説明することはつねにむずかしい問題とされていますが、もしすべての同感が快いものならば、そういうことはないでしょう。病院は舞踏会よりいっそう愉快な場所になるでしょう」。

この批判に応えて、スミスは第二版でこう述べている。「わたくしは、つねに快適なものである是認の感情を、同感にもとづくとしたのであるから、なにか不快な同感を認めるのは、わたくしの体系と両立しないという反対が、わたくしにたいしてなされた。わたくしは次のように応える。是認の感情のなかには注意されるべき二つのものがある。その第一は観察者の同感的な情念であって、第二はかれが彼自身のなかのこの同感的情念と、主要当事者のなかのもとの情念とのあいだの、完全な一致をみてとることから生じる情動である。この最後の情動のなかに、是認の感情があるのが本当なのであり、その情動はつねに快適で喜ばしいのである。他方のものはつねに、もとの情念の性質に応じて、快適なものでも不快なものでもありうるし、それはもとの情念の諸特徴を、つねにある程度、保持しているに違いないのである」（『感情論』七一〜七二頁）。

この応答は、最初の思想の変更ではない。スミスはギルバート・エリオットの批判に応じて「中立的な観察者」の概念をより詳細に再考した。こうした再考をスミスは一度ならずおこなうが、その結果『道徳感情論』は増補改訂されていく。その変化については後に**第8章**で考察しよう。

1　Sympathy は感情の共鳴の意味だから、共感と訳すこともできるし、その方が適切な場合もあるが、今では同感が定訳となっている。同情というニュアンスではないことに注意。本書では同感と共感を同義として併用する。

2　*Correspondence of Adam Smith*, Liberty, 1987, p.35.

3 Ibid., p.33.

4 Ibid., p.36. J・レー〔大内兵衛・大内節子訳〕『アダム・スミス伝』（岩波書店、一九七二年）一七五〜六頁。

5 Ibid., p.43. J・レー同右一七八頁。

第4章　新しい秩序の学との出会い

1　ヒュームの政治経済思想

第三章では『道徳感情論』の初版の内容を考察したが、本章では『国富論』の形成にとって、それぞれ異なる意味で重要な、ヒューム、タッカーおよびステュアートの経済思想について、またスミスが影響を受けたケネーなどのフランスの思想家について少し振り返っておこう。ヒュームの『人間本性論』がスミスに圧倒的な影響を与えたことは、前に述べた通りであるが、ヒュームの評論集『道徳・政治論集』(*Essays, Moral and Political*, 1741-2) と『政治論集』(*Political Discourses*, 1752) のうち、後者もまた、スミスに強い影響を与えた。『政治論集』は半分が経済論文であり、その経済思想がスミスに影響を与え、その中核的な経済思想は本質的な意味でスミスによって継承されたのである。

◆ 商業と自由 ◆

スミスは、グラスゴウ大学教授に就任してほどない時期に、ヒュームのエッセイ「商業について」をグラスゴウの文学クラブで報告した。スミスはまた『国富論』のなかで、商業が自由をもたらすという画期的な認識にはじめて到達した人物として、ヒュームの名をあげて賛美している。

「商業と製造業は農村地方の住民のあいだに、次第に秩序と善政をもたらし、それとともに個人の自由と安全をもたらした。農村地方の住民は、従来ほとんど常に隣人と戦闘状態にあり、領主にたいしては奴隷的依存状態におかれて暮らしていたのである。この点はほとんど気づかれていないのだが、商工業がもたらした諸結果のなかで、もっとも重要なものである。わたしの知るかぎりでは、従来この点に着目した著述家はヒューム氏ただ一人である」[1]（『国富論Ⅱ』五三頁）。

ヒュームが一七四〇年代から五〇年代にかけて取り組んだ主要な課題は、経済論をも内包する政治学の構築という理論的な仕事であったが、それは同時に大ブリテンとヨーロッパの現状分析に密接に関連づけられていた。この時期のヒュームは大ブリテンの政治情勢をつぶさに観察し、『人間本性論』の認識をさらに推し進めて、国家構造、政治原理、党派抗争、外交政策、公債等の経済問題などについて鋭い分析のメスをふるった評論を多数書いた。その評論は、原理なき時論ではなく、現状の比較分析を通して原理を発見し、再び逆にその原理を基礎にトピックを検討するという手法によっていた。

このような時論的なトピックを分析する際に、ヒュームが依拠した指導原理はとりわけ自由であり、自由へむかっての文明の発展に置かれていた。ヒュームの注目した自由は抽象的、観念的な自由ではなく、制度に支えられた自由である。ヒュームの自由はカントの実践理性としての規範的な自由ではありえなかった。それは、権力者・実力者の専制支配からの人びとの人格的自由であり、できるだけ自立して暮らすことのできる自由である。そのためにも、専制支配を阻止する自由な制度、法の支配と政治的自由がなければならなかった。そしてその自由において現在の大ブリテン、とりわけイングランドは、例外的なほど恵まれた制度を享受しているというのがヒュームの基本認識であった。

したがって、ウィッグとトーリ、**コート派とカントリ派**[*]という二つの軸を交点としながら、党派抗争――反乱と運動――に明け暮れる政治家、現実社会のリアルな認識に向かうよりも観念的空想――それを当時の思想家はシステムと呼んだ――におぼれがちな知識人、さらには政治家に扇動されたり、利害

＊ **コート派とカントリ派**　君主のもとで特権を享受していた聖俗の高位者をはじめとするコート（宮廷）派と、そこから疎外されてはいたものの地主やシティの商人などに既得権を有し経済的に独立していた人々を中心としたカントリ（地方）派の対立は、経済的な利害の違いだけでなく、価値観の対立も含み、一七世紀後半から一八世紀の政治を彩った。政治の中心が議会に移ったあとも、カントリ派を自認する議員や知識人が、行政府の腐敗と権力拡大に警鐘をならし、また議会の自由の侵害へ抵抗して有力な勢力を形成した。

に焚き付けられて騒動（騒擾とモブ・写真1）を起こしたりすることの多い読者公衆にたいして、その認識に目を開くようにヒュームは説いたのである。

一八世紀中葉を迎えた大ブリテンは、盛んな商業活動に牽引されて、言論出版も隆盛を誇り、市民的読者公衆が広範に生まれていた。政治への公衆の関心はかつてないほど高まり、院外の世論——討議する公衆、公論——が政治をある程度まで動かす時代となっていた。ヒュームはこのような社会状況のなかで、世論にうったえるべく、独立の文筆家、啓蒙知識人として、健筆をふるい始めていたのであるが、このような社会状況を支える根底に生産力の発展があることにもヒュームは注目していた。

＊**人口論争**　古代と近代のどちらの人口が多いかをめぐってなされた論争。人口が文明の指標とみなされていたこともあって、古代近代論争のなかに位置付けられる。近代の人口の優位を説いたヒュームの論考「古代諸国民の人口の多さについて」が、ロバート・ウォレスの反論を招いた。ウォレスは、モンテスキューの『ペルシャ人の手紙』などを引き合いに出して、古代優位説を展開した。ヒュームとウォレスの論争は、お互いの紳士的な態度でモンテスキューの賞賛の的になった。

写真1　コーヒーハウスでの騒動の様子

◆近代社会の原理◆

ヒュームは近代社会の原理を産業活動（Arts and Industry, Arts and Manufactures, Commerce）の隆盛に求めた。ヒュームは、人類はこれまでに二度、文明社会を樹立したと見ていた。古代の文明社会としてのギリシャ、ローマと近代ヨーロッパの二度である。ヒュームは、ウォレスと違って、古代派ではなく近代派に与した。ウォレスとの**人口論争**＊を通して認識をさらに深めたヒュームは、古典古代の軍事立国にたいして近代の商業立国の方に社会原理の優位をみた。ルネサンス以後の近代ヨーロッパにおける商業の発展はつとにヒュームの同郷の愛国者**フレッチャー**[2]が注目しているが、それはまた多くの人が目を向けた事実であっ

フレッチャー　Fletcher, Andrew 1653-1716

スコットランドのシヴィック・ヒューマニスト。愛国者として有名。スコットランド議会議員として，ジェイムズⅡ世下の反長老派政策に反対し，1678年に所領を没収された。一時期大陸に赴いていたが，オレンジ公ウィリアムの一行に加わり帰国した。名誉革命後は，イングランドのスコットランド政策を批判して論陣を張った。イングランドとの合邦による経済発展に伴う腐敗に警鐘を鳴らし，国民の自由と独立を求め，合邦にも強く反対したが，合邦後はスコットランドの農業や貿易の発展に尽力した。

た。ヒュームはそれを人間の本性と密接に関連づけて分析したのであって、その点にヒュームの優れた独創的な着眼があったのである。

ヒュームは人間本性と古代と近代の差異とを関連づけていただけではない。政体——国家構造——と経済の関連にもヒュームは目を向けた。例えば、ヒュームには次のような議論がある。絶対王政では宮廷中心に奢侈の文化が発展するが、しかし奢侈をもたらす手段である商業は、そこでは尊敬される仕事ではないので、その発展には絶対的な限界がある。しかし、自由な政体では、自由の精神がいきわたり、人々は自由と自立を追い求める。したがって、そこでは自立を可能とする商業は尊敬される仕事となる。下級貴族の嗣子の幾人かは実業の世界によろこんで入る。

ヒュームは人間の活発な活動・行動に注目した。労働が快活な行為になりつつあった時代の転換、新しい文明の姿に注目していた。ヒュームは、政治と軍事を尊敬し、経済を卑しめる古典政治学の価値観を転倒し、活動の概念を広げたのである。その意味で、ヒュームはモンテスキューとともにブルジョア的価値を認めた先駆者であった。

このように、人間の意欲や価値観と経済と国家構造、さらには国際情勢などとの相互連関を視野に入れたヒュームの分析は、これまでのどのような経済論にもまして、徹底した哲学的認識が見られるものであった。

◆ヒュームの文明社会分析の枠組◆

総じてヒュームの著作を通覧するとき、ヒュームの文明社会分析は、おおよそ三つの柱ないし基準をもっているように思われる。第一に、正義と所有権が尊重されているか、言い換えれば、法の支配という法的な国家制度が確立しているかどうか。第二に、人々が農業と商工業において勤労に励んでいるかどうか、言い換えれば、近代文明社会の基本原理としての経済の原理が確立しているかどうか。第三に、国際政治の原則として勢力均衡への配慮があるかどうか、言い換えれば周到な国防の原理があるかどうかである。

この三者は相互に密接に関連づけられている。第一の原理は、自然法学が強調してきたものであるが、法の支配——為政者もまた法に従うこと、したがって司法権の独立はそのコロラリーである——があることによって、開明（啓蒙）君主政と専制君主政が区別される。法の支配があることによって、恣意的な課税が回避され、所有権が保全されるので、そのようなところでは財産獲得行為としての勤労が根づく。

しかし、一国が経済と法において欠けるところがなくても、近隣の巨大な国家の脅威に脅かされる限り、長期間、繁栄を享受しつづけることは困難である。その意味では、ヨーロッパの三〇年戦争を終決させた**ウェストファリア条約***によって確立された勢力均衡の理念と政策は、きわめて重要である。大ブリテンにとっては、フランスと友好関係を維持するとともに、大国フランスが超大国にならないように牽制することが、ぜひとも必要である。このようなヒュームの思想の根底に、かつてカトリックは世界王国であったし、カトリックの世界支配の野望はフランスやスペインの国王の胸に宿っているという警戒心があったことは確かであろう。

ヒュームは一七三〇年代から五〇年代に思想形成をした。この時代環境が、よくも悪くも、ヒュームの思想を制約している。決して安定のみではなく、それなりに変動があったこの時代の社会と世界を考察対象にしたことによって、ヒュームがはじめて把握した先駆的認識もあれば、次代から見ての限界もまたあるように思われる。ヒュームがスミスのような体系的な立法者の学としての経済学を構築できなかったことには、時代の制約もまた大きく作用したように思われるのである。

ヒュームは大ブリテンが勢力均衡政策を要請され、幾度となく大陸出兵したのはやむをえなかったと考える。しかしその戦費は膨大であって、それが大量の公債の発行と累積を引き起こしたことは、憂慮

＊ウェストファリア条約 三〇年戦争（一六一八—四八）を終結させた条約。一六四四年から交渉が始まったものの難航し、一六四八年に調印された。主権尊重、地理的領土保全、国家主体、国家間条約による国際法の構築、国際関係の手段としての戦争の認知などの原則を確立。ハプスブルク家の後退と、フランスやスウェーデンの台頭をもたらした。またドイツの諸侯の独立を強め、国家的統一性を弱めたことから「ドイツの死亡診断書」とも呼ばれる。オランダやスイスの独立承認など、勢力均衡に基づく近代ヨーロッパの国際関係成立の契機となった。

に値する。すみやかにこの公債を償還するか、廃棄するかしなければならない。国家破産を選ぶか、公債所有者の破産を選ぶか、いずれも険しい道であるけれども、大ブリテンは決断を迫られているとヒュームは考えた。晩年のヒュームはアメリカ問題にも心を悩ませたが、アメリカの独立は時間の問題だと見ていた。[3] こうしてヒュームの情勢論は次第にペシミズムの色を濃くしていくことになった。

『政治論集』に要約されたヒュームの経済思想は、イングランドでもフランスでも大いに反響を呼んだのであって、英仏経済論争とよばれる論争の起点となった。ヒュームはムロンや**カンティヨン**から学んだと思われるから、英仏経済思想の交流はもっとさかのぼるし、案外、複雑な歴史をもっているように思われる。しかし、ヒュームに始まる経済論争は、直接に古典派経済学の主要なアイデアを生み出す論争となったという意味で、ひとつの画期的な論争であった。ここでは、貨幣の機械的数量説、農工分業、奢侈擁護論、実物経済を重視するインダストリ（勤労）論と生産過程からの利潤範疇の析出、勤労の成果としての民富の蓄積の認識、**高賃金論***、貿易差額説批判などの一連の思想が鍛造されてくるのである。

カンティヨン Cantillon, Richard 1680-1734

アイルランド出身。商人であったが，パリで銀行業などに従事し，「ロー・システム」にも関与して富を得た。晩年はロンドンに住んだ。『商業試論』(1755年，死後刊行) は，草稿段階で利用され英仏の経済学に大きな影響を与えた。ペティから影響を受け，富と価値の源泉を土地に求め，重農主義の源泉となった。ケネーは経済表の着想をカンティヨンから学んだし，スミスの利子論もカンティヨンの影響を受けている。

1　グラスゴウ版『国富論』の編者が注記しているように（p. 412 note）、『国富論』以前に商業と自由の密接な関係に注目したのは、決してヒュームひとりではなかった。ステュアートの『経済の原理』とファーガスンの『市民社会史論』（ともに一七六七年）、ロバートスンの『カール五世史』（一七六九年）「序文」、ミラーの『階級区分の起源』（一七七一年）、ケイムズ『人間史素描』（一七七四年）などをあげることができる。この問題については、D・ウィンチ（永井義雄・近藤加代子訳）『アダム・スミスの政治学』（ミネルヴァ書房、一九八九

＊高賃金論　低賃金は製造価格の低下と輸出競争力の強化をもたらすと考えた重商主義者には低賃金肯定論者が多かった（マンデヴィルなど）。しかし、スミスは、デフォーやハリスを継承して、製品価格の上昇は分業の進展と機械の導入で相殺されるし、高賃金は労働条件の改善をもたらすだけでなく、労働者の勤勉を刺激し生産力の上昇をもたらすと考え、社会全体の幸福の観点から高賃金を支持した。

年）第四章を参照。

2　フレッチャーについては、拙著『スコットランド啓蒙思想史研究』（名古屋大学出版会、一九九一年）第一章を参照。

3　J・G・A・ポーコック「ヒュームとアメリカ革命」『徳・商業・歴史』（みすず書房、一九九三年）、拙稿「アメリカ問題と国制のアンバランス」同『スコットランド啓蒙思想史研究』（名古屋大学出版会、一九九一年）第七章を参照されたい。

＊**自由貿易帝国主義**　一八世紀後半から一九世紀にかけて大ブリテンは、「世界の工場」としての圧倒的優位のもとで、自由貿易の原則を提唱していたが、その自由貿易主義の貫徹のためにしばしば帝国主義的な政策がとられた。つまり大ブリテンは「通商すれども支配せず」ではなく、「可能であれば非公式に、必要であれば公式に支配を拡大する」という通商政策をとっていたとされる。自由貿易主義と帝国主義の共存関係、および自由貿易主義による帝国主義の機能の代行関係を明らかにしたこの概念は、一九五〇年代に登場し国際的論争を呼び起こした。

2　タッカーの経済思想とその意義

ヒュームが経済理解に関して論争を交わした人物としては、さきにふれたように、古代と近代の人口の規模を争点として論戦を展開したウォレスが有名であるが[1]、先進国の後進国に対する優位性の持続と逆転を争点とするタッカーとの論争も重要である[2]。

貨幣の機械的数量説を採用したヒュームは、先進国の優位性は、物価水準の高騰、したがって生産費の高価によっていずれは失われ、後進国が優位に立つ時がくるという、追い付き、追越しの理論を提出した。これにたいしてバーミンガムを中心とするイングランド中部地域の金属工業の発展——高度な技術水準と進んだ生産構造——についての先駆的な認識をもっていたジョサイア・タッカーは、先進国イングランドの優位は永続的に維持されるであろうと主張し、ヒュームを反駁した。イデオロギー的にはヒュームが対等の国際関係を展望する理論的視野を開いたのにたいして、タッカーの理論は、いわゆる**自由貿易帝国主義**＊につながる性質のものである。しかし、当時の現実認識としては、タッカーに分があったことも否定できない。

オックスフォード大学を出た後、ブリストルとグロスターで牧師を務めたタッカーは、地の利もあって、前述のように、中部工業地帯で始まりつつあった産業革命の先駆的認識をもっていた。生産力的優位をもつイングランド工業は技術面でもコスト面でも、永続的にその優位を維持し続けるであろう。したがって、重商主義政策は、もはや不必要である。自由貿易主義がこうしてタッカーのスローガンとなる。多数の小冊子を著したタッカーは、このような認識に漸次的にたどりついたようである。

『英仏貿易小論』（一七四九年）では貿易差額説（労働差額説としての）に立脚して英国の重商主義保護体制を支持していたが、『旅行者への指針』（一七五八年）ではミッドランド西部の初期産業革命に注目し、機械の導入と工場内分業によって高価な熟練労働を安価な単純労働に変えることが可能になり、生産力の上昇と費用の節約によって、生産過程から利潤が生まれるという認識を示した。このような認識を基礎にやがて明確にヒュームの機械的数量説を否定したタッカーは、誰よりも早く、アメリカ植民地の放棄を説いた。すでにイングランドの工業は、保護を必要とせずに、国際貿易で優位を維持できるのであって、アメリカ植民地を保持する必要はない。自由貿易によってイングランドは北アメリカのみならず、世界市場を支配できるであろう。さらに、アメリカ植民地を持ち続けるかぎり、**急進派**＊の**議会改革運動**＊、帝国政策批判を抑えることはできないであろう。こうして、タッカーは、ウィッグではあったが、保守派として、**プライス**

プライス Price, Richard
1723-1791

ロンドンで長老派の牧師となり，後に第2代シェルバーン伯の知遇を得て，彼のブレーンとなった。市民的権利の擁護と議会改革を主張した。1776年に『市民的自由』を公刊し，大ブリテンのアメリカ政策を批判し，植民地独立を支持した。またフランス革命に際しても革命に好意的な態度を取り，バークは，その説教に反論すべく『フランス革命の省察』を著すことになる。道徳哲学者として『道徳の基本問題の考察』（1758年）も著した。

プリーストリ Priestley, Joseph
1733-1804

非国教会派牧師。化学者としても高名で，現在では酸素の発見者として知られている。シェルバーン伯の司書をした（1772-80年）後，バーミンガムで牧師となったが，ユニテリアン派的傾向をもっていたこともあって，フランス革命の際には，革命を支持したとされ，暴徒化した民衆に邸宅を焼き払われた（1791年）。「最大多数の最大幸福」の考えに基づいた『統治の第一原理』（1768年）は，ベンサムの功利主義に影響を与えた。

＊**急進派**　一八世紀のブリテンは自由で豊かな社会になりつつあったが、しかし、身分格差は大きく、貧富の差も、権利の差別も無視できなかった。選挙権を持つ人もごく少数であった。そのような抑圧された階級を代弁して、社会と政治の民主化、平等化を激しく主張した政府反対派を急進派と言う。彼らはおおむね、地主階級の寡頭制支配下にある議会改革を要求するとともに、アメリカ独立やフランス革命を支持した。ウィルクス、プライス、プリーストリ、バラ、カートライト、ワイヴィル、ミラー、トマス・ミュア、メアリ・ウルストンクラフトなどである。一九世紀になると、彼らの改革精神は、ベンサム、ミルなど哲学的急進派とゴドウィン、ホジスキンなどの初期社会主義者に受け継がれる。

＊**議会改革運動**　ヨークシャーのワイヴィルの呼びかけに始まるのでヨークシャー運動とも呼ばれる。政府の冗費、賄賂、腐敗を批判し、閑職の廃止などの経済改革を求める（バークなどの改革案は失敗に終わる）ことから、やがて腐敗選挙区の廃止と平等選挙区の設立、男子普通選挙権、一年議員制、議員歳費などの議会の制度改

革が求められたが、運動は一七八〇年代に退潮に向かった。フランス革命の影響は大ブリテンで反動の嵐を引き起こすが、やがて一九世紀のチャーティスト運動によって改革運動は復活し、普通選挙制度などが結実する。

や**プリーストリ**などの急進主義者の反体制運動を弾劾し、バークの先駆者ともなった。このようにタッカーにあっては自由貿易論は政治的保守主義と結合しており、産業資本の政策論というニュアンスを帯びていたと言われるのは避けがたいであろう。

このようにタッカーは生産力認識に基づく自由貿易論者として先駆的な地位をしめるのであるが、タッカーのこのような重要性は、スミスのような周到な思想家がまったく認識できなかったとは考えがたい。実際、スミスはタッカーの論考をいくつも所蔵していた。タッカーの生産力的優位に基づく自由貿易論、アメリカ放棄論は、スミスの認識とかなり近い。しかし、この点の認識は小林昇の研究によってわが国の学史家の間では共有されているものの、欧米の学史家の共通認識となっているわけではない。[3]

1　ヒューム対ウォレスの人口論争は比較的研究が多いが、最新の研究としてウォレスの草稿にまで遡ったものに、天羽康夫「ロバート・ウォレスとデイヴィド・ヒューム――スコットランド啓蒙における古代近代論争」高知論叢七三号（二〇〇二年三月）がある。

2　ウォレスはスコットランドの長老派教会の牧師であったが、開明派であって、教会の自由主義的な改革にたいしても、またスコットランド社会の改革にたいしても、重要な役割を担っていた。名誉革命を支持し、ウィッグの政治原理にシンパシーを抱いていたが、その著作には現状の悲観的な認識が強く刻まれており、人口問題というトピックをめぐって、ヒュームと論争することになった。古代派に与したウォレスは、モンテスキューと同じく、近代の人口は、古代の人口に比して、遥かに少ないと主張した。ウォレスは牧師でありながら、「肉欲」についてエッセイを書いたことが最近になって発見され話題となった。その経済思想だけは研究されているものの（坂本達哉『ヒュームの文明社会――勤労・知識・自由』〔創文社、一九九五年〕参照）、ウォレスの全貌は未だ明らかになっていない。エディンバラ大学の図書館には相当多くの草稿が所蔵されているが、その一部がモスナーなどの努力で解読されているものの、概して草稿の筆跡は難解で、未だ研究されていない状態である。

3　ヒュームについては小林昇の研究はむしろ控えめであるが、しかしヒュームの同時代人で論争相手ともなったタッカーは、小林昇によって初めてその経済思想の十全な意義が解明された思想家である。スミスの経済思想を理解し評価する場合に、タッカーを視野の外におくことは許されない。スカイラー以後、タッカーに注目したのは、シェルトンとポーコック程度にとどまる。

3 ステュアートの『経済の原理』

近代社会と商業との関連についての研究に関しては、ヒュームはサー・ジェイムズ・ステュアートに一歩譲るというのが近年の通説となりつつある。スコットランドの名門、法曹貴族の末裔であったジェイムズ・ステュアート（Sir James Steuart, 1713-80）は一七四五年のジャコバイトの反乱に気紛れから関与したために、反乱の鎮圧後、大陸を流浪せざるをえない境遇となった。一五年の反乱の時のジャコバイト処分は微温的であったが、今回は峻厳をきわめた。ジャコバイト貴族の領地は没収され、スコットランドの**ハイランド地方***の封建遺制は一掃された。世襲裁判権をもつ氏族支配は、血縁共同体とともに解体され、伝統のキルト、バグパイプは禁止され、多くの民が、ハイランドを追われたのである。

ステュアートは、祖国におけるジャコバイト処分を尻目に大陸を流浪した。その旅の経験を通して、様々な各地と新旧社会の比較分析を進めて、スミスに先駆けて経済学の体系を構築したのである。こうして『原理』は『国富論』に先立つ一〇年前に刊行され、長く経済の原理と経済政策の指針を教える書として為政者と学者によって読まれた。

スミスが『国富論』を執筆するときに、サー・ジェイムズ・ステュアートの『経済の原理』を批判の対象として意識していたことは、今ではよく知られている。しかし、批判の対象はステュアートだけではなかった。大げさに言えば、これまでの経済分析のコモン・ストックから自由に学びながらも、ほとんどすべての経済思想が批判の対象であったということであろう。

ステュアートの『原理』は、近年は、従来と比べられないほど多くの内外の研究者が取り組む古典と

＊**ハイランド地方**　スコットランドの北部ハイランド地方は、経済的後進地域であったが、合邦によりローランドとの貧富の差がさらに拡大することになり、ジャコバイトなど反体制派の温床になった。しかし四五年の大規模なジャコバイトの乱が鎮圧されると、政府は徹底的なハイランドの氏族社会の解体、近代化をおこなった。また知識人を中心とする改良運動の成果もあって、ハイランド問題は徐々に解決されていった。

＊**インダストリ（Industry**

なっている。もちろん、スミスには比すべくもないけれども、もはや無視できない動向となっているのである。ではステュアートの優れた成果とはどのようなものであるのか。

『原理』は五編から成り、順に、人口と農業、トレードと**インダストリ***、貨幣と鋳貨、信用と負債、租税となっている。最初の三編は大陸での亡命中に書かれ、二編までは一七五〇年代に完成していた。

第一編では、強制に基礎を置く経済を本質とする古代社会と近代社会とを対比して、近代社会の本質を自由なインダストリ＝労働に基礎をおく商品経済としてとらえ、その形成過程を農工分業の展開として把握する。ここにはヒュームの商業論の影響が見られる。独立農民＝ファーマーの生産する余剰食料（剰余）が手工業者＝フリー・ハンズの増加を可能とし、両者間の交換の拡大が人口の増加と社会の発展をもたらす。したがって、ステュアートは人口論争における**ウォレス**を退け、ヒュームを支持したのである。

しかしながら、ヒュームが農工分業の拡大を貨幣と関連づけなかったのに対して、ステュアートはそれには貨幣供給が必要だとする。すなわち、ファーマーのもたらす剰余は、等価物としての貨幣の供給＝有効需要によって媒介されて初めて、フリー・ハンズの製品と交換できるのであるが、この貨幣は自動的また適切に市場によっては調達されないから、為政者が富者の退蔵する貴金属貨幣の活用を促して調達する必要があるとした。富者の役割は奢侈的消費を行うことにあるが、この「仕事と需要のバランス」は為政者によって保たれなければならない。

第二編では、国際貿易のもとで、「仕事と需要のバランス」はいか

ウォレス Wallace, Robert 1697-1771

スコットランド教会の牧師であり，スコットランド啓蒙初期の指導的人物の一人。エディンバラ大学に学び，ランケニアン・クラブの創立会員（1717年），哲学教会（後のエディンバラ王立協会）の創設にも関与（1735年）。『古代と近代の人口』（1753年）で古代人口優位説を説いてヒュームと人口論争をおこない，また『グレート・ブリテンの現在の政治的状態の諸特徴』（1758年）でもヒュームを批判しつつ，名誉革命体制擁護論を展開し，ブリテン社会の将来に楽観的な見通しを与えようと努めた。

勤労，勤勉）先駆的には，ルネサンスのヒューマニストであるアルベルティなどもインダストリを重視していたが，それが経済理論の中心に置かれるようになるのは，ヒュームやステュアートにおいてである。ヒューム，ステュアートは近代社会における農工分業の拡大に注目した。すなわち，彼らは近代社会を，農業生産力の上昇に伴い次第に農業に従事しなくてよい人口が生まれ，彼らが独立した職人になることで農工の分業（交換は前提）が発展し，多くの人が自己労働で生計を営めるようになった商業社会ととらえた。そして農工の相互需要，農村と都市の交換関係が拡大するプロセスでは，勤労に励めば励むほど，人々はますます富裕になるという分析をおこなった。こうして富を固定的に考える流通主義的商業理解が退けられ，富はインダストリによって生み出されるものとなった。もちろん，インダストリの発展には技術や道具の進歩もまた重要であり，知識の蓄積，開発も不可欠である。こうした社会全般のダイナミックな変動を根底から支えているものがインダストリであるという思想は，スミスによって継承され，深く彫琢され，『国富論』に結晶をみた。

にして可能になるかを考察する。ここで為政者の貨幣調達の方策を説き、いかにして貿易を統制するかという問題が詳細に検討され、いわゆる重商主義政策が体系的に示されている。ここではヒュームの機械的数量説が批判されるとともに、トレードの発達が商品価格を単に市場の需給によって決まるのではなく、生産費に基礎を置くものとすることに注目し、スミス的な費用分析を先取りしている。利潤は依然として「譲渡利潤」として流通的に把握されているけれども、フリー・ハンズの所得は賃金とともに利潤を含むという分析が登場し、生産過程と利潤の関係がおぼろげながら理解されかかっている。したがって、政策的には重商主義論であるが、経済分析には古典派的要素も見られると言えよう。

第三編以降では、有効需要理論を基礎にして経済統制策が展開される。ジョン・ローを継承した貨幣発行論、スミスと正反対の国家主導の財政政策が主なものである。

全体としてステュアートの『原理』は、流通の立場に立って、マンデヴィル流の有効需要の観点から、重商主義政策を体系化したものと言えようが、それをスミスの自由主義経済学が乗り越えたとみるのが通説的理解である。しかしながら、『原理』と『国富論』を歴史段階の相違と関連づけるのではなく、類型論的に、違ったタイプの理論体系とみるという見解が、近年、生まれてきている。

このようなステュアートの『原理』とスミス『国富論』の関係は、スミスが明示的にステュアートを論争相手として俎上に乗せなかったので、抽象的な論争に終わったのであるが、しかし、スミスは『原理』を間違った理論体系だと決めつけ、したがって評価しなかったし、それから学ばなかったものの、自らの『国富論』によって批判できると明確に意識していたことは、記憶されてよいであろう。

重商主義を退けるスミスの自由主義の確信は、それほどまでに強いものであった。なぜ、スミスはそこまで重商主義を強く批判し、経済的自由主義を信奉できたのであろうか。それは後に検討しなければならない。

4　ケネーとスミス

スミスが『国富論』をケネーに献呈しようと思っていたが、ケネーの他界によってそうはならなかったということは有名なエピソードである。『国富論』の第四編で重商主義とともに取り上げられた**重農主義***は、ケネーを代表とするフランスの学派であるが、スミスは純生産物を農業生産物に限定し、手工業を不生産的とみなしたという理由で重農主義を批判した。しかしながら、スミスは農業を工業以上に生産的であると見ていたし、農業重視という点で重農主義の影響をいくらか受けていることは否定できない。

写真2　ケネーの経済表

ケネー（François Quesnay, 1694-1774）は経済学の歴史において画期的、独創的な「経済表」（写真2）を考案した。年々の再生産という概念を明確に獲得したケネーは、医師として人体の血液の循環から示唆を得たとも言われるこの視点から、農業の再生産循環をタブローで一望把握するという試みをおこなって、フランス経済学の創設者となったのであった。スミスはこのケネーにフランス滞在時（一七六六年）に会っており、ケネーとの会話から学ぶところがあったものと推定されている。スミスが渡仏以前の六〇年代前半におこなった『法学講義』は経済思想を含んでおり、それはケネーや**チュルゴ**の影響を受ける以前のスミスの経済思想を示している。その内容は『国富論』につながる基礎概念と基礎理論をそれなりに備えたものであり、したがってケネーたちの影響を過度に強調するのは間違いであるが、しかし、スミスが彼らから示唆を受けて、フランスから帰国した後に『国富論』の執筆を開始したのは確かだと思われる。フィジオクラートとの話題のひとつは租税転嫁論、土地単税論にあった

＊ **重農主義**　一八世紀後半のフランスで重商主義への批判として、ケネーとその後継者によって展開された経済理論・政策体系。土地生産物を「真の富」とみなし、循環的な再生産過程を一枚の図表によって提示したケネーの「経済表」によって理論化された。重農主義者は、自らを「エコノミスト」と呼び、自然的秩序の総体的把握を目指したその理論は「フィジオクラシー」（自然的統治）の体系と呼ばれた。重農主義の名称は、スミスが彼らの体系を agricultural system と呼んだことに由来する。

と推定されている。もうひとつは農業以外を不生産的とみる概念が問題になったのではないか、とされている。それと関連して、一七六六年にチュルゴは主著を執筆中であり、ケネーの不生産的階級の概念を批判し、工業利潤を認める資本概念をかためつつあったから、スミスはチュルゴとの会話からも教わる点があったものと推定される。

スミスは『国富論』で、フィジオクラートたちの経済思想についてこう述べている。「土地の生産物がすべての国の所得と富の唯一の源泉だと説く主義は、私の知るかぎり、どの国民によってもけっして採用されたことがないし、現在では、フランスの豊かな学識と独創性をもった少数者の思索に存在するだけである」（『国富論Ⅲ』四六九頁）。スミスはかれらをもとらえたフランス特有の「**システム精神**」*＝デカルト的設計思想に対して批判的であったと言えようが、そのような話題も登場していたかもしれない。

しかし、フランスのエコノミストからスミスが何をどれほど学んだかを厳密に指摘することは、資料的に無理であるが、以上のような推定は根拠のあるものである。いずれにせよ、重要なのは、スミスにおける経済学の形成のコンテクストが、決してスコットランド啓蒙にのみあったのではなく、開かれた国際的コンテクストのなかにも置かれているということである。もっとも、スコットランド啓蒙自体も、国内的であるとともに国際的な、思想と学問のコンテクストにおいて発生したのである。

チュルゴ Turgot, Anne Robert Jacques 1727-81

『百科全書』への寄稿（「存在」,「定期市と市場」,「基金」などの項目）で名をあげ，ヴォルテールの知己を得てフランス思想界で活躍し，スミスやヒュームとも親交を結んだ。ルイ16世のもとで財政総監に就任し（1774年），通商の自由，賦役の撤廃，ギルド組織の廃止を含むいわゆる「６つの発布」などの経済改革を推進したが，旧勢力に阻まれ失脚した。その歴史論は近代の進歩史観の最初の明確な定式化として知られ，また重農主義的側面をもつ経済学を展開した。主著『富の形成と分配に関する考察』（1769-70年）

＊ **システム精神**　デカルトに起源をもつ合理主義的・設計主義的思考。デカルトは『方法序説』で、一人の建築家による建物、一人の技師による都市、一人の立法者による法律などを列挙して、ものごとは、一つの目的のために一人の手によってなされた方が、完成度が高いという考えを示した。スミスは『道徳感情論』のなかで、体系の人は、「大きな社会の様々な成員を、手がチェス盤の上の駒を配置できるのと同じくらい簡単に配置できると想像している」として、その過度の合理主義的傾向を批判した。

第5章　一七六〇年代の時局と法

1　民兵論争

北米植民地の支配権の争奪を最大の焦点とする一七五六～六三年の**英仏七年戦争***は、防備に手薄となった本国へのフランス軍の侵攻の脅威を生んだ。大ブリテンの議会では早々に民兵制度の採用が提案され、**民兵法案***が成立したが、スコットランドは除外された。というのは、一七四五年に起こったジャコバイトの反乱の記憶が薄れないイングランドの議員が、スコットランド人に武器をもたせることに反対したからである。もちろん、このような決定にスコットランド人は不満であった。

しかもスコットランドの海岸にフランスの海賊が姿を見せるや、侵略の脅威は現実のものとなった。スコットランドはかねてからフランスと友好関係にあったとしても、合邦体制下にある今では、もはやそのような伝統は利害の前に影が薄くなっていた。利害は伝統を乗り越えて進むのである。

そこでスコットランドにも民兵制を求める**ポーカー・クラブ***が一七六二年に急遽結成された。ジャコバイトの反乱以後、スコットランド社会の有力な思想的リーダーとなっていた穏健派知識人が、今回も主導権を握っていた。**ファーガスン**や**A・カーライル**がとりわけ熱心だった。このポーカー・クラブにアダム・スミスも加わり、八五年頃まで名をつらねたのである。

＊ **英仏七年戦争**（一七五六―六三）プロイセン・オーストリア間の戦争とも絡んで行われた、植民地をめぐる戦争。「ヨーロッパでカナダを獲る」を標語にした大ブリテンは大ピットのもと、圧倒的な海軍力によって制海権を確立し、本国から孤立したカナダのフランス領植民地を陥落させた。同時に西アフリカやインドにおいても覇権を確立していった。ピット失脚後、ビュート卿はパリ条約によってフランスおよびフランス側に立って参戦していたスペインと講和を結び、大ブリテンは第一次植民地帝国を確立した。

＊ **民兵法案**　一七五〇年代に植民地をめぐるフランスとの戦争が

始まり、正規軍が海外に派遣されることになると、本土防衛のための民兵制度の設立が検討され、民兵法が五七年に成立した。しかしイングランド議員は、スコットランド人に武器を持たせることに反対したため、幾度かの法案提出にも関わらず、スコットランドは適用除外とされ続けた。スコットランドの知識人たちは、イングランドとの権利の対等と自衛権の獲得を唱えて、議会の内外で運動を展開していった。

＊ポーカー・クラブ　一七六二年、スコットランドへの民兵制度導入運動を推進することを目的として設立されたクラブ。ファーガスンやカーライルといったスコットランド教会の穏健派知識人が中心となっていたが、スミスやサー・ジェイムズ・スチュアート、ケイムズ卿なども参加していた。ポーカーとは火かき棒のことで、民兵運動の火をかきたてようという意味から、ポーカー・クラブと名づけられた。

六〇年代はじめのスミスの『法学講義』を見ると、一見、スミスは常備軍を退け民兵支持を説いているという印象を受ける。そして『国富論』になると分業の原理が社会に行き渡る文明社会では、規律正しい常備軍が唯一防衛能力をもつ現実的な国防軍であり、適切な軍制であるという主張が押し出されているという印象は否定しがたい。『国富論』を読んだファーガスンたちは、スミスが裏切ったと思った。こうしてカーライルはスミスを批判する民兵論のパンフレットを執筆することになる。しかし、スミスは民兵運動に反対する側に回ったのだろうか。だとすれば、八五年までポーカー・クラブに加わっていたというのは奇妙である。

実は、スミスの見解は常備軍と補助部隊としての民兵の併用論にあった。そもそも、ポーカー・クラブ自体の戦略も常備軍を廃止して民兵制を採用することをめざしたわけではない。現状の常備軍は所与として前提にしたうえで、スコットランドに民兵制を要求したのである。にもかかわらず、ファーガスンもカーライルも内心の確信においては常備軍を否定して民兵制を支持する民兵主義者だった。そこから誤解が生じたのである。

ポーカー・クラブの運動に支えられて、スコットランド選出の国会議員であるG・エリオットとJ・

ファーガスン　Ferguson, Adam
1723-1816

スコットランド啓蒙の代表的思想家。1759年エディンバラ大学自然哲学教授，1764年道徳哲学教授となる。主著『市民社会史論』（1767年）では，未開社会から文明社会への発展を分業や商業の発展などの観点から進歩の歴史として評価する一方，それに伴う公共精神の衰退に警鐘を鳴らした。同書によって社会学の創始者として評価されてもいる。他に『道徳哲学要綱』（1769年），『ローマ共和国盛衰論』（1783年）など。「最後のローマ人」と呼ばれた。

A・カーライル　Carlyle, Alexander
1722-1805

その風貌の立派さゆえにジュピターと綽名されていた。スコットランド教会の広教会派の指導的立場にあり，民兵運動では有力なパンフレットを著して主導的な役割を果たした。『自伝』（1860年，死後刊行）は，同時代の様々な出来事や人物に言及した興味深い内容によって良く知られている。

オズワルドがスコットランド民兵法案を議会に提出したが、否決された。スコットランドに民兵制度が認められるのは、結局、フランス革命の時期まで遅れる。

このような論争の展開する過程で、アダム・スミスは国防問題について、多くの知識と認識を獲得したものと思われる。『国富論』でのスミスの論点は、経費論を別とすれば、社会発展と軍事制度および武勇の精神、規律との関連に置かれている。

スミスは分業が発展した文明社会においては、民兵制によっては未開で勇猛な隣人の侵略を食い止めることができないとする。事実上、民兵同様のものに堕落していたローマの兵士が、ゲルマン人に太刀打ちできなかったことは、その格好の例証であるとスミスはみた。したがって、文明社会には訓練された常備軍、規律ある正規軍がなければならない。しかし、いまや火器で武装しなければならない正規軍は、非常に高くつくので、文明社会のすべての国防を常備軍でまかなうことは、現実的でない。こうして補助軍として民兵制を併用すべきであるとスミスは考える。

国民を民兵として訓練することには別の効果もある。すなわち、分業労働で視野が狭くなっているばかりか、富裕な社会で安逸な生活を送るなかでややもすると士気、武勇心を失う傾向のある文明社会の労働者の道徳的活力を再建することに役立つ。「臆病者、つまり自分の身を護ることも、仕返しをすることもできないものは、明らかに、人間としての特性のいちばん肝心な一面を欠いている。」「かりに人民の武勇の精神が、その社会の防衛にとってはなんの役にも立たないとしても、臆病にかならず含まれている、この種の精神的な欠陥、いびつ、卑劣が国民大衆のあいだに広がっていくのを防ぐことは、やはり政府のもっとも真剣な配慮に値しよう」（『国富論Ⅲ』一五二頁）。

スミスはこのように考えたのであって、民兵の意義についてのスミスの理解はファーガスンたちの理解とさほど違っていなかったのである。

しかし、より重要な問題は、常備軍は専制の道具になりうるということにあった。しかし、スミスによれば、常備軍が国民の自由を蹂躙する可能性は、それが議会の統制下に置かれているかぎり存在しない。名誉革命は軍の主だった将校を議員とする制度を樹立したのであって、大ブリテンに関するかぎり、国民の自由にとっての常備軍の脅威は存在しないというのである。[1]

1 詳細な分析は、拙著『文明社会と公共精神』(昭和堂、一九九六年)第三、四章、付論一を参照されたい。関連文献に次のものがある。篠原久『アダム・スミスと常識哲学』(有斐閣　一九八六年)第五章、D・ウィンチ『アダム・スミスの政治学』(ミネルヴァ書房、一九八九年)第五章、天羽康夫『ファーガスンとスコットランド啓蒙』(勁草書房、一九九三年)前編第二章。

2　限嗣封土権論争

この時期のスコットランドにおけるもうひとつの重要な問題であるエンテイル(限嗣封土権、限嗣相続)は、一七六四年にクリティカルな段階を迎えていた。エンテイルというのは、権利者の直系卑属(の特定者)のみが相続しうる自由保有権で、土地の分割を防止し、地主貴族の所領の存続を狙う制度であるが、イングランドではすでに廃止されていた。廃止論の急先鋒はスミスにエディンバラ公開講義のチャンスを与えたケイムズ卿であり、堅持論に回ったのはケイムズと法曹の同僚で後輩であった、名門の**ダルリンプル**だった。ダルリンプルの『封建財産史』は小著ながら、歴史の発展論をベースにもつ名著であったが、加えてダルリンプルはパンフレットを執筆した。他方、スイントン卿は、廃止論の立場にたったパンフレットを書いた。

ダルリンプル Dalrymple, Sir John 1726-1810

スコットランドの名門の家に生まれ，エディンバラおよびケンブリッジ大学で学び，スコットランドで弁護士および判事を務めた。ヒューム，スミスとも親しく，グラスゴウ文学会，選良会，ポーカー・クラブ等にも加わり，スコットランド啓蒙の一翼を担った。ケイムズに献呈した主著『封建財産史』(1757年)には，社会発展の四段階説の最も早い定式化が見られ，スコットランド啓蒙の封建社会論，文明社会史論の代表的な論考である。

論争の焦点は農業改良とエンテイルの関係にあった。ケイムズはエンテイルが投資を排除し農業改良を阻んでいると考えた。ダルリンプルは、エンテイル自体は自由の砦として役に立つ制度であって、残さなければならない。改良は借地期間などの付帯条件を緩和すれば実現できると主張した。[1]

この論争の時期に、スミスはスコットランドにいなかった。スミスはバックルーのグランド・ツアーに伴って（写真1）、フランスにいてフランスの啓蒙知識人と交流をしていた。したがって、この時期のスミスの見解は知るべくもないが、予想されるように、やがてスミスは『国富論』においてエンテイルに反対の立場を表明する。スミスはイングランド農業の順調な発展の秘密を農民の保障された地位に見ていた。すなわち、イングランド農業は強い借地権に守られて発展したという事実認識をもっていた。いかにして封建社会の隷従農民が、独立自営農民に、さらにはファーマーに上昇したかというテーマは、スミスの好みのテーマであった。

写真１　グランド・ツアア（大陸旅行）から帰った英国人（1778年作）

このような農業の改良を阻み、耕作者の地位の向上にも貢献しなければ、現在の所有者も、子孫も拘束するエンテイルをスミスは厳しく批判している。「限嗣相続制は、長子相続法から自然に行きついた結果である。限嗣相続制は、そもそも長子相続法に由来する考え方である一定の直系相続制を維持するために、そして原所領が、贈与、遺贈、または譲渡によってか、それとも後継所有者のなかのだれかの暗愚もしくは不幸によってか、ともかく最初に予定されていた家系から土地が一片たりとも他へ持ち去られることを防ぐために、採用されたものである。限嗣相続制はローマ人にはまったく知られていなかった」。「大所領があたかも侯国の一種であったかのごとき時代には、限嗣相続制は不合理でなかったであろう。二、三の君主国のいわゆる基本法規のごとく、限嗣相続制は、ただ一人の気紛れや浪費のために幾千人もの安全が危うくされるのをしばしば防いだであろう」。

しかし、今ではもはや存在理由はない。「ヨーロッパの現状では、所領はその大小を問わず、すべてその国の法律によって安全を保障されているのであるから、限嗣相続制ほど不条理なものはないのである」(以上、『国富論Ⅱ』一四～一五頁)。

「限嗣相続制は、あらゆる想定のなかでも最も不条理な想定を前提している。すなわち、人間のすべての子孫は、土地および土地が包含するすべてのものに対して、同等の権利をもってはおらず、おそらく五百年も昔に死んでしまった人々の気紛れによって、現代人の財産が制約されて当然だ、という馬鹿げた想定に立っているのである」。

「しかしながら、限嗣相続制は、現在もなおヨーロッパの大部分の地方で重んぜられており、文武の高位高官につくためには名門の出であることが欠かせない条件となっている諸国においては、ことに重視されている」。なぜか。「限嗣相続制は、その国の高職栄典に対する貴族の排他的特権を維持するために必要だと考えられて」いるからである。つまり「貴族階級は、他の同胞市民をおさえつけて不当な一特権を強奪しているので、貧困のゆえにこの特権が世の嘲笑の的となることのないよう、かれらがさらにもう一つ別の特権をもつことも当然だと考えられているのである」(同一五～一六頁)。

イングランドではヨーロッパのどの君主国よりも厳しく永代所有権が制限されているが、まったくないわけではない。スコットランドでは、おそらく三分の一以上が、厳格な限嗣相続制のもとにあると思われる。これがスミスの現状認識である。

1　詳しくは、拙著『スコットランド啓蒙思想史研究』(名古屋大学出版会、一九九一年)第五章を参照。

3　アメリカ問題

上述の民兵論争はスコットランドの防衛問題であり、エンテイル論争はスコットランドの経済問題であったとすれば、この時代の大ブリテンの最大の問題はアメリカ問題であった。直接の原因は英仏七年戦争で北米植民地のほぼ全域の領有権を獲得したことにあった。かつての北部一三州に止まらず、いまや広大な植民地を獲得した大ブリテンがただちに直面した問題は、植民地防衛費の増大という問題であった。もちろん本国は様々な植民地権益を得たことは言うまでもない。フランスをはじめとする諸外国を排除した植民地貿易の独占、しかも植民地の産業のうち本国の産業と競合するものは許さないという抑圧を組み込んだ特恵関係によって、大ブリテンが得た利益は大きかった。しかし、重商主義的規制は結局は高くつくことになる。

こうしてパリ講和条約ののち、ただちに印紙条令、続いて**タウンゼンド法***が提案され、アメリカ側の反発を招くことになる。ちなみに政治家**タウンゼンド**はバックルー公爵と姻戚関係にあり、スミスに公爵の子息の旅行付き添い教師を斡旋したのは、このタウンゼンドである。タウンゼンドはまたイングランドの最高の賢人と言われていたらしい。しかしながら、そもそも、相手を納得させながら利権を追求するという問題は容易な問題ではない。まして国家間や本国と植民地の間の錯綜した利害の調停は、たやすい合理的解決策がみつかるといったものではありえない。スコットランドとイングランドの合邦も難問であったし、アイルランド問題はいっそうの難問であったが、アメリカ問題もいまや難題に

タウンゼンド Townshend, Charles 1725-67

タウンゼント子爵家に生まれ，四代子爵の弟。1747年に庶民院議員となり，陸軍卿，商務大臣などを歴任し，1766年グラフトン－ピット内閣で大蔵大臣となる。歳入不足を補うためにアメリカ植民地への課税を試みて，1767年にタウンゼント法と呼ばれる一連の法律を成立させた。この政策はアメリカ植民地の反発を招き，植民地の反乱の要因となった。スミスとの共著「公債論」を計画していたが，タウンゼントの死で計画は流れた。

＊**タウンゼンド法**　一七六七年に可決されたアメリカ植民地に対する四つの法律（①軍隊宿営法に反対したニューヨーク州植民地の立法権の停止、②茶、紙、鉛などへの輸入税、③ボストンに関税委員会を設置し徴税の強化を図った法律、④本国の茶税の払い戻し、植民地への茶の輸出の無関税化）の総称。一七六六年に植民地の反対にあって廃止された印紙税法（一七六五年）の代替的措置であったが、本国商品不買運動やマサチューセッツ回状（一七六八年）などの不満を引き起こし、一七七〇年に茶税を除いて撤廃された。

写真２　「実質的代表」の概念の風刺画（1775年）

なりつつあった。

アメリカは、代表なければ課税なしと唱え、議会に代表を送って初めて歳入への貢献もできると主張した。本国政府は植民地に課税する権限は本国のもつ主権に属すると主張したが、**バーク**とロッキンガム派は植民地は形式上は議会に議席をもたないけれども、アメリカの世論は、本国の議会でフランクリンなどから意見を聴取してもおり、議会で汲み上げられているという「実質的代表」（写真２）の概念で、問題の構造をとらえてみせた。

実質的代表の概念は詭弁とも受け取られかねないものだが、本来は決して詭弁ではないと思われる。国民代表としての議員は、選挙区の選挙民の利害代表として行動するのではなく、国家全体の、共同社会全体の利害を考量して行動しなければならないという思想のコロラリーなのである。[1] したがって、実質的代表の概念は、国会議員の規範としての行動原理の国民主権論的理解に発する思想なのである。もちろん、それは規範に過ぎないから、たんなる詭弁に堕すことも容易に起こる。

本国議会に代表を送るという主張は、合邦論である。合邦論は、植民地は国家の一部として統合されるべきだという主張である。特段の保護もなくなる代わりに抑圧・規制も廃止され、対等の権利と応分の義務を負うという主張であって、このような思想と実践は、本国と植民地の関係ではなかったが、隣接する二国、国力の人口も大きく異なるイングランドとスコットランドの合邦ですでに経験済みであっ

バーク Burke, Edmund
1729-97

アイルランドのダブリン生まれの政治家，政治思想家。合理主義・理神論を風刺した『自然社会の擁護』（1756年）や美学論である『崇高と美の観念の起源』（1757年）で名声を得る。1765年に庶民院議員となり，ウィッグとして改革の論陣を張る。アメリカ革命に際しては植民地を擁護したが，フランス革命に際しては『フランス革命の省察』（1790年）を著し反革命を主張した。同書は「革命に反対する革命的書物」として保守主義の古典となった。

た。

合邦はアメリカ側が望んだものであるから、本国政府の譲歩があれば、実現する公算はきわめて大きかった。スミスもまたかなりのちの段階まで合邦支持の立場をとっていたように思われる。『国富論』の第四編はおもに重商主義政策の理論的、歴史的批判を展開した部分であるが、そのなかでスミスは、利益の観点から、延々と植民地貿易の独占を批判し、植民地貿易の解放を主張するとともに、植民地の本国への合邦論を展開することによって合邦の利益を詳細に考察しているのである。そしてスミスは述べている。「わが大ブリテンの国家制度が、大ブリテンとその植民地との合邦によってそこなわれるような怖れは、いささかもないであろう。いやむしろ、大ブリテンの国家制度は、それによって、かえって完全なものとなるであろうし、また、合邦なくしては不完全であるようにさえ思われる。……そうは言うものの、私は、こうした合邦が難なく達成されるだろうとか、それを実行する場合に大小さまざまな困難などは起こらないだろうとか、そんなことを言うつもりはない。だが、私は、いまのところ、克服できぬ困難があるなどとは聞いていない。もしなんらかの困難があるとすれば、その主要なものは、ことがらの本質に由来するものではなくして、大西洋の此岸と彼岸とにおける人々の偏見なり見解の差異から来るものであろう」（写真3）（『国富論Ⅱ』四〇〇頁）。

写真 3　大陸会議の様子

第二巻第七章でこのような展望を示したスミスであるが、しかし、スミスは最終的に合邦は断念する。その断念を示す分離独立論は、第四編ではなく、第五編の公債論の系論として、いささか唐突に出てくる。既成事実を前提すると、もはやアメリカは分離独立する以外に道はないというのが、スミスの結論であった。このような議論の展開の仕方からうかがわれるように、もっと早期に合邦に踏み込むべきであったとスミスは判断していたと思われるのである。

1 前者はフランス革命の人民主権論に近い。杉原泰雄『人民主権の史的展開』（岩波書店、一九七八年）を参照。後者については同『国民主権の研究』（岩波書店、一九七一年）。

4 『法学講義』

スミスが道徳哲学教授として法学講義をおこなったことは、すでに述べた。前世紀の末までに学生が筆記したスミスの法学講義ノートが見つかり、キャナンによって出版されたが、それによってスミスの社会思想の発展過程が格段によくわかるようになった。その後、もうひとつの講義ノートが見つかったために、いまではスミスの社会科学の形成過程にいっそうよく接近できるようになった（Lectures on Jurisprudence, 1762-3, A Note, 63-4, B Note）。その概要をBノート（日付は一七六六年となっているが、六三年から翌年にかけての学期のものらしいことが、今では判明している）を使ってみておこう。

講義ノートを最初に出版したE・キャナンは、便宜のために、講義内容から判断して、編別構成を示す目次を作成した。それを参考にすれば、講義は序説のあと、六部の内容から成っている。

◆自然法学◆

スミスは冒頭で、自然法学の注目すべき体系の著者として、グロティウス、ホッブズ、プーフェンドルフ、そして**コッケイ男爵***をあげ、これ以外に注目すべきものはない、と言っている。

スミスは、自然法学の正規の体系の創始者をグロティウスだとして、その『戦争と平和の法』を、種々の不備があるものの、今のところこの問題に関する最も完璧な著作だとする。次に有名な著者はホッブズである。ホッブズは、イングランドの内乱の原因を人間の良心が聖職者の権威に隷属したことに帰した。そこでホッブズは聖職者に対抗して道徳の体系を確立しようとして、世俗の権力に人間の良

＊ **コッケイ男爵**（父はCocceji, Heinrich von〔1644-1719〕子はCocceji, Samuel von〔1679-1755〕）共にドイツの自然法学者で、父はハイデルベルグ大学のプーフェンドルフの後任、子はプロシアの啓蒙的法改革に尽力した。ケイムズはフリードリヒ大王の法改革に注目しており、スコットランドではかなりの関心を集めていた。

心を服従させ、為政者の意志を唯一の正しい規則だとした。「彼によれば、市民社会の確立する以前には、人類は戦争状態にあって、自然状態の弊害を避けるために、人間は契約を結び、すべての紛争を解決する一人の主権者に服従するにいたった。彼によれば、主権者の意志に対する服従が政府を構成した。そして、これなくしてはいかなる徳も存在しえず、したがってまた、それは徳の基礎であり本質であるとした」(『法学』八八～八九頁)。

聖職者は、徳に関するこの有害な説に反対しなければならないと考えた。かれらは自然状態は戦争状態ではなく、少数の権利、身体と労働の果実への権利、契約履行にかんする権利をもつこと、国家制度がなくても社会は存続できることを示そうとした。プーフェンドルフはこのような意図で大論説を書いたのだが、自然状態は存在しないから、自然状態との関連で法を論じても無益である。

このように四人をあげたスミスが、ハチスンをあげていないのは、注意を要するであろう。ハチスンの自然法学はプーフェンドルフの影響下にあったから、あげなかったのであろうか。しかし、田中正司が典型であるが、研究史は『法学講義』において、スミスがハチスンの影響を大いに受けていると主張してきた。[1] ロックの名をあげていないことも注目すべきであろう。

しかしながら、実際のところ、スミスの『法学講義』の内容は、どの体系の模倣であるというよりも、誰かの体系から最も大きな影響を受けているというよりも、多くのソースから独自に批判的に構成されたスミスの独自のものであると見たほうがよい。

◆正　義◆

第一部は正義（Pt. 1　Justice）であって、これは公法、家族法、私法に分割されている。

第一編の公法（Bk. 1 Public Jurisprudence）は、古代から現代までの（主にイングランドを念頭に置いての）統治の歴史を論じるものであって、スミスは統治の原理――権威の原理と功利の原理――から始めて、共和政、軍事君主政、自保有地政治、封建制度、イングランドの議会、イングランドの絶対政府、自由の回復、イングランドの裁判、主権者の権利、市民権、臣民の権利などを論じている。

この順序はイングランドの統治の歴史の順序であって、やがて弟子の**ミラー**は『イングランド統治史論』（一七八七年）を出版するが、その内容はおおいに重なっていて、スミスの講義のこの部分の詳論とみなすことができる。

ここでスミスは統治組織の発生について、たんに公共の必要というのではなく、「畜群の所有は財産の不平等をもたらしたのであって、それが最初に正規の政府を発生させた。……政府の目的は富を確保し、富者を貧者から守ることにある」（『法学』一〇七頁）と述べていることが興味をひくのみならず、スミスの統治史論には多くの興味深い考察と分析が見られる。

例えば、いかなる統治組織にも権威と功利が備わっていなければならないという主張は、きわめて興味を引くものである。「すべての統治には、ある程度この二つの原理がおこなわれるのであるが、しかし君主政においては**権威の原理***が主としておこなわれ、民主政においては**功利の原理***が主として行われる。」（同一〇一頁）

またスミスの議論の基礎には、狩猟、牧畜、農耕および商業という生活様式としての社会発展の四段階論があり、スミスの分析と議論の重要な指導原理となっていることが、注目されなければならないであろう。というのはこの四段階論によって初めて、社会理論は、従来の時間を超越した自然法理論から、時間的変化を組み込んだ歴史理論へとパラダイム転換を遂げることができたのであり、こうして新しい

ミラー Millar, John
1735-1801

スミスの弟子。グラスゴウ大学法学教授として40年あまり教鞭をとり，その人格と充実した講義によって称賛された。『階級区分の起源』（1771年）や『英国統治史論』（1787年）で，「自由への社会の進歩」という観点から，法と統治の歴史的発展を，生活様式の変化との関連を意識しつつ論じた。共和主義的なウィッグ政治思想にコミットし，また急進的な自由主義的立場からアメリカ革命やフランス革命を支持した。

＊ 権威の原理、功利の原理

スミスは、権威の原理を主にトーリの原理、功利の原理を主にウィッグの原理としたが、いかなる政体、統治にも両者が必要であると見ていた。しかし、既成の権力には無抵抗に服従すべきだとするトーリの受動的服従論と、ウィッグの原始契約説は、極端な思想で間違っているとスミスは考えた。スミスは大ブリテンの統治構造、国制を自由な制度として支持していたが、国民の利益に反するような統治が行われる場合には、当然、国民は為政者に服従する必要がないという思想の持ち主であった。そのような意味では、ロックの抵抗権の思想は、ハチスン、ヒュームを経て、スミスに継承されていた。

認識地平が切り開かれたからである。

もちろんスミスにおいても、スコットランド啓蒙においても、自然法学は存在し続けるから、母体としての自然法思想から歴史的・経験的な社会理論としての四段階論と純化された自然法学が分化したと言ったほうが、正確かもしれない。ピーター・スタインが論じたように、ドイツ歴史法学派に先立って、スコットランドにすでに歴史法学が成立していたとも言える。

第二編の家族法（Domestic Law）は、夫—妻　親—子　主人—召使、後見人—被後見人などの権利・義務関係を論じるものである。スミスの時代には家族法が独立して論じられていたという事実は、それ自体として興味深いが、家族のもつ役割・機能が大きかったことを反映しているであろう。雇用関係はいまだ主人—召使の関係であるから、家族法の範囲に属した。

第三編は私法（Private Law）であって、多くの部分が所有権—先占、添付、時効、相続、譲渡についての議論に割かれている。ここではその他に、質権、抵当権、契約、準契約、不法行為などが論じられている。

このような法についてのスミスの知識は、ホールズワースが称賛したように、まことに充実したものであって、法学の知識において欠けるところがなかったスミスにしてはじめて、新しい学としての経済学の十全な体系的展開も可能になったように思われる。

◆治政あるいは公安◆

第二部は治政論ないし公安論（Pt. 2　Police）であって、「衛生と安全」（Cleanliness and Security）を論じる部分と「安価ないし豊富」（Chiepness or Plenty）を論じる部分から成っている。社会的厚生と治安というのは、今日の行政の担当するものであるが、スミスの時代の行政の職務範囲は非常に小さかったと言えるであろう。ポリースという言葉は今ではまずは警察を意味するが、スミスの時代には正規の警察

写真4　巡回する夜警（チャーリーという）

組織はまだなかった。『トム・ジョーンズ』などの小説で知られるヘンリ・フィールディングが最初の警察組織を作った。すなわち、ロンドンの**治安判事**[*]でもあったフィールディングは、従来のような地位が低く、したがって老人主体となりがちの警吏（写真4）では、屈強の犯罪者を捕らえることが困難であることを痛感して、若い警察官を採用し、制度化することを開始したのである。これがイングランドにおける近代警察の始まりであった。

「安価ないし豊富」と題された部分は経済論であって、ここでスミスは人類の自然的欲望、技術、分業・労働生産力、分業の原因、価格の規制者、貨幣、国民の富裕、鋳貨の輸出禁止、貿易差額、**ロー**の計画、利子、為替、富裕の進歩の遅い理由などのトピックを取り上げている。このトピックの多様性は、スミスが事実上、『国富論』の青写真をすでにある程度もっていることをものがたるであろう。経済論が法学の一部を成しているというこの構造は、直接にはハチスンから継承されたものであるが、さらにはプーフェンドルフにまで遡る自然法学の伝統の様式である。

第三部は収入論（Pt. 3 Revenue）であって、スミスは財産税、消費税、公債、投機などを論じている。スミスが租税として優れていると考えたのは消費税であった。この点は『国富論』において詳述されるので、ここでは立ち入らず、後に取り上げよう。

＊ **治安判事**　治安判事は無報酬で、地域の紳士階級から選ばれた。彼らは州税の徴集、橋や道路の保守、居酒屋の認可、救貧法の実施、感化院、監獄、救貧院の管理を担った。無報酬の市民がなる治安官が治安判事を補佐した。治安判事に報酬が支給されるのは一七九〇年代からである。それまでは治安判事の堕落はあたりまえであった。

ロー　Law, John
1671-1729

スコットランド出身。決闘に絡んで投獄の後，フランスへ亡命。摂政オルレアン公の知遇を得，1716年に兌換券発行銀行，17年にルイジアナ会社を設立。18年に銀行を王立銀行とするのに成功し，19年には会社は全植民地貿易を独占しインド会社と改名した。その株式は南海会社の株式とともに空前のブームを実現した。20年ローは蔵相に就任し会社と銀行とは合併したが，紙幣の減価や株価の暴落が続き，紙幣の兌換停止に至り，「ロー・システム」は瓦解，ローは失脚して亡命した。

◆民兵、規律、常備軍◆

第四部は軍事論であって（Pt. 4 Arms）、スミスは国民軍（民兵）、規律、常備軍をトピックとして取り上げている。スミスの主張は、火器の発明によって近代の戦争は技術となり、武術への熟練ではなく、規律が決定的に重要になったこと、また分業の浸透によって常備軍制度が文明社会では主流とならざるを得ないこと、このような火器をもった規律ある常備軍は最強の軍隊であって、いかなる勇猛な野蛮人の軍隊にも勝ること、常備軍はかつては専制政治の手段となって国民の自由を覆したこともあり、危険であったが、名誉革命によって、議会に属する地主貴族や紳士が常備軍の指揮官となって以来、国民の自由を覆す心配はないこと、しかし民兵軍は不要になったわけではなく、民兵軍によって国民の士気を高く保持しておくことが、国防には有効であること、民兵軍があることによって常備軍の規模を比較的小さくできること、などである。この論議は『国富論』において再現されることになる。

スコットランドの民兵論争については、さきほど少しふれたが、そもそも常備軍・民兵問題は共和主義のコロラリーとしてマキャヴェッリ以来の伝統をもつテーマであった。また名誉革命後の時期には激しい論争を引き起こしたし、その後もつねに論じられた重要なトピックであった。そのコンテクストは、今なお勢力均衡時代にある、名誉革命後の軍事組織とその規模をどうするかということであった。フランスの脅威、イングランドとスコットランドの関係、国民の自由、武勇の精神、公共精神すなわち祖国愛などが論争に絡むポイントであった。

シヴィック・ヴァーチューの問題は、したがって解決済みの問題どころではなかったのである。この問題は、研究史上、長く明確には気づかれることなく推移してきた問題であったが、イングランドと大ブリテンにおける**常備軍論争***、民兵論争に六〇年代以降、研究者の関心が及んだことがきっかけとなり、ポーコックによる**「シヴィック・ヒューマニズム」***のパラダイムの提唱と関連して、本格的に研究されるようになってきた問題である。したがって、例えば、レーの『アダム・スミス伝』には、ポーカー・

＊**常備軍論争**　ライスウィック講和条約後、ウィリアム三世はフランスに対抗できる規模の常備軍を維持しようとしたが、常備軍は国王専制の手段になるおそれがあったため反対を呼び起こした。イングランド常備軍論争（一六九七-九八年）は、常備軍と民兵軍のどちらが優れているか、さらに自由な国制に対して両制度はどのような政治的意味をもつかを争点とする、デフォー、フレッチャー、トランドをはじめとして多様な思想家が参加した、コート・カントリ間の重大な論争のひとつであった。

＊**シヴィック・ヒューマニズム（civic humanism）**　アリストテレスに見られ、ルネサンスのフィレンツェのヒューマニスト、マキャヴェッリなどによって復活された、公共的人間像とその活動を指す思想で、ポーコックの大著『マキャヴェリアン・モーメント』（一九七五年）によって、近代における思想系譜が描かれた。人間は私的存在である以上に公共的存在であるとし、公共空間においておこなわれる活動に直接的に関与することに価値を見出す思想である。国家や社会において活動するためには、経済的に自立する

ことが前提であり、したがって財産所有は認められるが、私的生活・消費生活は生の目的になりえないとする。公民的人間主義と訳すと誤解が生じる。むしろ公共的人間主義あるいは公共的個人主義と訳すべきであろう。

クラブとの関連で少しはふれられているけれども、十分な掘り下げは当然のことながら見られない。ウェスターン、シュウェーラー、ポーコック以前の段階のスミス研究においては、このような事情で、このトピックについての十分な論議がないのである。

最後の第五部は国際法（Pt. 5 Law of Nations）を論じ、合法的な戦争とはなにか、戦争における合法性とはなにか、中立国民の権利、使節などがトピックとされている。三〇年戦争を終決させたウェストファリア条約以後、ヨーロッパは次第に国際法を形成してきたのであるが、グロティウスを参照しつつ、過去一〇〇年あまりの経験を踏まえて、スミスは議論を展開している。

1　ホーコンセンはヒュームの影響を重視する。その重厚な研究を総括して述べている。「体系そのものに関するかぎり、スミスはグロティウス、プーフェンドルフその他の大陸の自然法学の伝統に、とりわけこの伝統が彼の師匠フランシス・ハチスンによって与えられた形式にきわめて多く負っていることは明らかである。かれはまたモンテスキューと彼の旧師ケイムズ卿に非常に影響をうけていた。しかし、これらの遺産は、個別的にも、ひっくるめても、スミスの法学にその特質を与えた問題状況をもたらしているものではない。それは法批判の可能性をめぐるヒュームの問いから生まれたのである。すなわち、もし自然からも神からも所与の基準がえられないとすれば、いかにして完全な相対主義を回避できるのかという問いである。」Haakonssen, *The Science of Legislator*, 1981. p. 2. ホーコンセン『立法者の科学』〔永井義雄訳〕（ミネルヴァ書房、二〇〇一年）一四頁。

第6章 スミス五三歳——『国富論』出版

1 『国富論』出版

スミスは一七七六年にようやく『国富論』（写真1）を刊行した。ロンドンのストラーンとキャデルが共同出版人となった。ギボンの『ローマ帝国衰亡史』も同年、同じ書店から出版され大反響を呼ぶが、キリスト教の取り扱いをめぐって批判を受けることにもなる。スコットランド出身のストラーンは出版業で成功し、幾多の優れた書籍を出版していたが、かたわら庶民院議員にもなっていて、この時期にはアメリカに対するノース内閣の強硬路線を支持していた。けれども、そのことは『国富論』の出版の障害にはならなかった。

この年にはヒュームとともにスミスが憂慮していたアメリカ問題が、ついにアメリカの独立宣言を引き起こすに至る。アメリカ問題は世紀後半における大ブリテンの最大の問題であり、この問題をめぐって大ブリテンの世論は沸騰し激しい論争が続いた。

アメリカの独立を支持し、大ブリテン政府の腐敗を糾弾した急進派プライスの『市民的自由』（Price, Richard *Civil Liberty*, 1776）とペインの『コモン・センス』（Paine, Thomas *Common Sense*, 1776）は、大反響を呼び、大ブリテンの議会改革運動に弾みをつけた。

写真１　『国富論』（初版，第２版，第３版等）

その意味ではこの年は急進主義にとっても画期をなす年である。ベンサムの処女作『統治論断片』もまたこの年に出版されたから、公共哲学としての功利主義[1]もここに芽生えたと言えるであろう。

プライスに対しては、スミスの友人ファーガスンが政府擁護の立場から反論のパンフレットを書いたが[2]、植民地を支持したブリテン人は少数であった。

そして病に臥したヒュームは、スミスの『国富論』の刊行を喜びながらも、この年にとうとう他界する。死期を悟ったヒュームは静かに死んでいったと言われる。ヒュームはスミスに彼自身の『自然宗教にかんする対話』の原稿を託した。スミスはストラーンに宛てて「彼は、完全に賢明で徳の高い人間と考えられるものに近づきつつあった。わたしは生前からそう考えていたし、死後もつねにそう思っている」と書いた。出版された『対話』は予想されたような攻撃を受けなかった。逆に、この手紙が公刊されたことが、無神論者としてヒュームを敵視してきた教会関係者の反感をふたたびかきたてた。時にオックスフォード大学のモードリン・カレッジの学長ジョージ・ホーン（Horne, George 1730-92）が反論の手紙を刊行し、またたく間に版を重ねた。とはいうものの、スミスはあまり騒動に巻き込まれなくて済んだようである。

『国富論』のフル・タイトルは、『諸国民の富の本性と原因の探究』（*An Inquiry into the Nature and Causes of the Wealth of Nations*, 1776）で、『経済の原理』は採用されなかった。それは九年前に、同じ出版社から刊行されたサー・ジェイムズ・ステュアートの著書に採用されていたからだと思われる。しかし、『国富論』は、その内容において、豊かな生活はどのような原因によって、どのような社会において最

ストラーン　Strahan, William 1715-85

ロンドンで活躍したスコットランド出身の印刷・出版業者。スミスの『国富論』やギボンの『ローマ帝国衰亡史』をはじめとして多く書物の印刷・出版を手がけた。彼の家は，ヒューム，スミスらのスコットランド知識人と，ジョンスンをはじめとしたロンドンの知識人らの交流の場となった。後には庶民院議員も務め，アメリカ独立戦争やウィルクス事件などの際にも政府の高圧的態度を支持し，コート・イデオロギーの普及に貢献した。

もよく実現できるかというテーマを、徹底した経験的な原理的認識を積み重ねることによって、見事に論じ切った大著であり、その思考の迫力・凝集力と啓発性は抜群であった。そして今でも啓発性を持ち続ける希有の書物となったのである。

『国富論』の経済思想の祖型ないし骨格がすでに『法学講義』にあったことは、前章に述べた。すなわち、『法学講義』の第二部に属す「安価ないし豊富」と題された部分は、多くの経済のトピックを論じており、これと第三部の収入論（Pt. 3 Revenue）とが、『国富論』の原型である。

このように『法学講義』にはスミス経済学の萌芽が見られるが、同時にまた『法学講義』には、すでに指摘したように、生活様式の四段階論が見られる。すなわち、人類の未開から文明への発展は、生活様式に着目すると、狩猟―遊牧―農耕―商業という段階を経る発展であるというのである。このようなアイデアは今日から見れば、ごく平凡な思想に思われるかもしれないが、当時までは存在しなかったものので、おそらく一七五〇年頃に初めて思いつかれたものなのである。これは非常に重要な観念の成立であった。

この問題に注目し、四段階論の発生史を詳細に研究したのはミークである。『社会科学と醜い未開人』（*Social Sciences and the Ignoble Savages*, 1978）にまとめられたミークの研究の結論は、記録に残された限りでは、大ブリテンではサー・ジョン・ダルリンプルの『封建財産史』[3]、フランスではチュルゴの「ソルボンヌ講演」――「普遍史への二つの草案」――が早いが、おそらくはアダム・スミスが最も早期に辿り着いていたのではないかと思われるというのである。[4]

スミスは、『法学講義』に組み込まれていた経済思想を、その後一〇年程の時間をかけて、発展深化させ、体系的な学問に仕上げた。スミスが、一応完成した原稿を携えて、出版のためにロンドンへ出たのは一七七三年のことである。しかしながら、折しもアメリカ問題がいよいよ急展開を示し始めたために、スミスは問題の帰趨を見据える必要があると考えたものと思われる。スミスは熱心に情報を収集し、アメリカ問題の原因、現状と将来を掘り下げて考察し、その考察を原稿に加筆して、四年後にようやく出版に漕ぎ着けたのである。[5]

そのために、第四編はアンバランスなほど肥大しているが、けれどもそれはスミスの精神に反するとはおよそ言えない。すなわち、『国富論』は名誉革命後、大ブリテンが追求してきたウィッグ政権の政治経済政策、すなわち国家主導の産業化、国内の商工業の保護と対外的膨張政策を根底から批判する著作であり、**立法者***に政策指針となるべき指導原理を教える立法者の学の樹立をめざした書だからである。言い換えれば、このように『国富論』は、自由主義をめざす改革精神に満ちあふれた理論的、実践的著作であった。

＊**立法者（Legislator）** 近代の思想家は、マキャヴェッリやルソーのような共和主義的傾向の思想家の場合により多く見られるが、有徳な建国者としての立法者の概念を用いて、法制度を樹立する主体を意味した。スミスもまた立法者という概念を用いるけれども、ルソーのような特別な能力をもつカリスマ的指導者という意味はない。立法者神話なき立法者論である。しかし、スミスといえども、立法者は徳なしでよいと考えたわけではない。

1 功利主義は、快を増し、苦を避ける人間の本性論としては、もっと古くから存在するが、公共哲学として、多数者の幸福と快苦論を結び付け、立法＝政策の原理として前面に押し出したのは、ベンサムである。今では規則主義と帰結主義に分けるのが普通である。

2 拙著『文明社会と公共精神』（昭和堂、一九九六年）第六章「ファーガスンのアメリカ論」を参照。

3 ダルリンプルについては拙著『スコットランド啓蒙思想史研究』（名古屋大学出版会、一九九一年）第五章「限嗣封土権論争」を参照。

4 今ではルカーチの弟子のホントが、それを引き継いで研究を進めている。ミークはプーフェンドルフについに四段階論をみつけることができなかったが、ホントはプーフェンドルフの自然法思想に商業社会の理論の基礎が存在していて、スミスはそれを統合すればよかったと言っている。Hont, "The Language of Sociability and Commerce : Samuel Pufendorf and the Theoretical Foundations of the 'Four Stages Theory'", in Pagden, A. ed., *The Languages of Political Theory in Early-Modern Europe*, Cambridge U. P., 1987.

5 出版の遅れにはスコットランドのエア銀行の破産（一七七二年）も影響した可能性がある。

2 『国富論』の構成と基礎理論

『国富論』は、序文と本論五編から成っており、第一編、第二編が理論の章——ハード・コア——で、それぞれ「労働生産力の改善原因と労働生産物が諸階級に配分される秩序」(Bk. 1 Of the Causes of Improvement in the productive Powers of Labour, and of the Order according to which its Produce is naturally distributed among the different Ranks of the People)、「資本の性質、蓄積、利用」(Bk. 2 Of the Nature, Accumulation, and Employment of Stock) と題されている。ここに生産と分配の基礎理論が歴史上初めて明確に概念化された。

第一編は一一章に細分されているが、大略四つに分けられる。

第一から三章は分業論で、「分業について」、「分業をひきおこす原理」、「分業は市場の規模に制約される」となっている。

第四章は貨幣論である。「貨幣の起源と使用について」と題されている。

第五から七章は商品価格論で、順に「商品の真の価格と名目価格」、「商品価格の構成部分」、「商品の自然価格と市場価格」を扱う。

第八章は「労賃」論、第九章は「資本の利潤」論、第十章は「労働と資本の種々な用途における賃金と利潤」を論じる。最終章は「地代」論で、ここには「銀の価値変動についての余論」が付されている。

それでは、スミスの興味深い分析を見てみよう。

◆富の概念◆

スミスは富を生活に直接役立つ使用価値として考える。すなわち、スミスは、これまで長くひとびとの考え方を縛り、固定観念となっていた富＝財宝観を否定し、重商主義的な貨幣中心の狭い富観念を退けることから議論をはじめる。そして富を生み出す労働に注目し、労働を高く評価する。

「あらゆる国民の年々の労働は、その国民が年々に消費するさいの**生活必需品***および**便宜品***を供給する資源であって、この必需品および便宜品はつねにその労働の直接生産物か、またはその生産物で他の諸国民から購買されたものである」（『国富論Ⅰ』一頁）。

この供給量の多寡は、この生産物またはそれで購入されるものと消費者人口との比率できまるが、この比率は、第一に、国民の労働の「熟練、技能、判断力」の程度に左右され、第二に、より少ない程度で、有用な労働に従事する人口と従事しない人口の比率によって左右される。

狩猟民や漁撈民からなる野蛮民族の場合、労働に耐えられるものは全員が有用労働に従事しているが、それでも惨めなほど貧しい。「文明が進み繁栄している国民のあいだでは、多数の人々はまったく労働しないのに、その多くの者は、働く人々の大部分に比べて十倍もの、しばしば百倍もの、労働生産物を消費する。それでもなお、その社会の全労働の生産物はたいへん豊富なので、すべての人々にたいする供給は豊かな場合が多く、最も低く最も貧しい階層の職人ですら、もしかれが倹約家で勤勉であるなら、どんな野蛮人が獲得できるよりも多くの生活の必需品と便益品の分け前を享受できるほどなのである」（同二頁）。

スミスは第五編で「消費財とは必需品か奢侈品かのどちらかである。」（『国富論Ⅲ』二九七頁）と述べており、財の区別は一貫していない。しかし、必需品は習慣的に決まるとみている点は、興味深い。

「私が必需品という場合、それは、生活を維持するために必要不可欠の財貨だけではなく、その国の習慣からして、たとえ最下層の人々でも、それがなければまともな人間としては見苦しいようなものすべてを含む。たとえば、亜麻布のシャツは、厳密にいうなら生活必需品ではない。ギリシャ人やローマ人は、亜麻布を知らなかったけれども、思うに、はなはだ快適な生活をしていただろう。ところが今日では、ヨーロッパの大部分を通じて、日雇労働者にせよ、まともな人なら、亜麻布のシャツをつけずに人

＊生活必需品・便宜品・奢侈品　スミスが、富を消費財としての生活必需品と便宜品に区分していることは重要である。従来は必需品以外すべて奢侈品とみなす傾向が強く、したがって、マンデヴィルも奢侈品を産業の発展にとって重要であると指摘しながらも、奢侈そのものは悪徳であり、労働貧民には許してはならないとした。ヒュームは奢侈の概念をマンデヴィル以上に道徳から解放したが、便宜品という概念にはたどり着いていない。スミスは消費財を必要性の程度で三つに区分して、概念を明確化するとともに、道徳的論難を退けた。またスミスは文明の発展の程度に応じて、その基準は変化するとしている。とはいえ、スミスは商業社会で人々が欲望に導かれて手に入れたがる財貨には、つまらないもの（安ピカもの）が多いと指摘することを忘れなかった。

前に出るのは恥ずかしいと思うであろう。……イングランドでは、習慣上、革靴が生活必需品になっている。……だがスコットランドでは、習慣上、革靴が最下層の男子の生活必需品になりはしたが、同じ階層の女子にとってはそうなっていない。彼女たちは、裸足で歩き回ってもかまわない……フランスだと革靴は男についても女についても必需品ではない」(『国富論Ⅲ』二九八~九九頁)。

このような富の概念を構築するにあたって、スミスは、ストックの概念とともに、ヒュームの「商業論」から示唆を受けたように思われる。ヒュームもまた富を生活に必要な財貨と考えた。そして富を生み出すものはとりわけ労働であり、農工分業の進み具合が、富裕の程度を決定するとした。富の蓄積は、労働のストックであって、労働のストックが大きいことが豊かな生活を可能にする。近代社会の原理はこのような商業にある、というのがヒュームの見解であった。このような内容をもつヒュームの「商業論」をスミスはグラスゴウの文学クラブで報告している。

労働に価値を見いだす素朴な労働価値説――それはリカード＝マルクスの厳密な労働価値説の先行者であるが、一応区別すべきものである――は、すでにロックにあり、ペティやレヴェラーズのウィンスタンリにも見いだされ、さかのぼれば、カルヴィニズムやルター主義の勤労倫理にそのルーツを求めることもできよう。もっとも、勤労重視の思想はルネサンス・イタリアのアルベルティのようなヒューマニストにも見られるから、プロテスタント文化圏に独自のものと言うことはできない。しかし、スミスの場合は、そのようなプロテスタント文化圏で育まれてきた労働重視思想を引き継いでいると言ってよいように思われる。労働、勤労を評価しようとする労働思想はロック、プーフェンドルフ、ハチスン、マンデヴィル、ヒュームなどに広く見られるものであった。

◆分業の概念◆

しかし、スミスは労働の分析を生産過程の克明な分析に深化するとともに、分業という概念――社会的分業と作業場内分業の概念的区別をスミスは明確にしていないが、実質的にはスミスは分業の概念でこの両者を意味していた——を導入し、文明社会における分業（写真2）の様相を克明に分析して、商品、財貨の生産と配分の機構を体系的に説明する理論装置を構築することに成功した。この理論装置はマンデヴィルやヒューム、ステュアートが次第に彫琢してはきたものの、それによって文明社会の総体を把握しきるというところまで到達できなかったものであり、スミスによっていっそう展開されて導入された、従来の学問にはない新機軸であるといって過言でない。その意味でまさに「学問の大革新」と呼ぶにふさわしい。この理論装置によって、従来はあいまいにしか把握されていなかった、経済活動という行為が作り出している機構、経済システムが初めて明確に把握された。

写真２　分業——ホガース作「勤勉と怠惰」
（織布工場の職人，1747年作）

「労働の生産力における最大の改善と、どの方向であれ労働をふりむけたり用いたりする場合の熟練、技能、判断力の大部分は、分業の結果であったように思われる」（『国富論Ⅰ』九頁）。よく知られているように、スミスは、この分業の効果を理解するために、「その分業がしばしば世人の注目を集めたピン作りの仕事」をとって説明している。このような分業による生産力の増加は、職人の技能の増進、ある仕事から他の仕事へ移る場合に失われる時間の節約、機械の発明の三つの事情による。

こうして分業の効果によって、「ヨーロッパの君主の暮らしぶりが勤勉で倹約な農夫のそれをどれほど凌いでいようと、その程度は、この農夫の暮らしぶりが、一万人もの裸の野蛮人の生命と自由の絶対的支配者であるアフリカの多数の王侯の暮らしぶりを凌ぐほど大きいとはかぎらない」（同一三頁）ということになる。

以上のような分析を、スミスは第一章「分業について」でおこない、第二章で「分業を引き起こす原

写真３　炭坑で働く男女労働者（ギルマートン，スコットランド 1786年）

理」を考察し、第三章で「分業は市場の大きさで制限される」事情を説明しており、スミスがいかに分業の概念を重視したかが、ここからも理解されるであろう。

しかし、分業の起源となると、スミスも説明しきることはできず、交換性向という不可解な概念を持ち出したにとどまり、この性向が「人間性にそなわる本能の一つなのか……それとも理性と言葉という人間能力の必然的な帰結なのか、この問題はわれわれの当面の研究主題には入らない」（『国富論Ｉ』二四頁）として、回答を留保している。ともあれ「こんなにも多くの利益を生むこの分業は、もともと、それによって生じる社会全般の富裕を予見し意図した人間の知恵の所産ではない。分業というものは、こうした広い範囲にわたる有用性には無頓着な、人間の本性上……ある物を他の物と取り引きし、交易し、交換しようとする性向の、緩慢で漸進的ではあるが、必然的な帰結なのである」（同）、とスミスは言い切っている。

「取り引きし、交易し、交換しようとする性向」、交換性向は、スミスがそれ以上はさかのぼれないと考えた最も単純な説明原理であり、その意味では第一原理にあたるものである。しかし、次の引用は、分業の発生をきわめて明快に説明している。

「たとえば、狩猟や牧畜を営む種族のなかで、ある特定の人物が、弓矢を他のだれよりも素早く巧妙に作るとしよう。かれは弓矢を、しばしば仲間たちの牛や羊や鹿の肉と交換し、そしてついには、このようにするほうが、自分が草原に出てそれらを捕らえるよりも、いっそう多くの牛や羊や鹿の肉を手に入れることができる、ということをさとるようになる。こうして自分自身の利益にたいする関心から、弓矢作りがかれのおもな生業になり、かれは一種の武器作りとなるのである。別の人は自分たちの小さい小屋や移動家屋の骨組と屋根を作ることに秀でているとしよう。かれはこの手腕で隣人たちに役立つようになり、そのさい隣人たちは、同じように、かれに家畜や鹿の肉を報酬として与え、ついにかれは、この仕事にうちこみ、そして一種の大工になるのが自分の利益だとさとるようになる。同じようにして第三の人は、鍛冶屋や真鍮工となる。第四の人は、野蛮人たちの衣類の大きい部分をしめる獣皮のなめし工や仕上工になる。こういうわけで、人はだれでも、自分自身の労働の生産物のうち自分の消費を超える余剰部分を、他人の労働生産物のうちかれが必要とする部分と交換することができるという確実性によって、特定の職業に専念するように促される。またその特定の業務にたいしてもっている才能や天分がなんであれ、それを育成し完成させるように力づけられるのである」(同二八〜二九頁)。

以下、長くなるけれども、きわめて興味深いスミスの文章をいくつか引用しておこう。

「人それぞれの生れつきの才能の違いは、われわれが気づいているよりも、実際はずっと小さい。さまざまな職業に携わるひとたちが、成熟の域に達したときに、一見他人と違うようにみえる天分の差異は、多くの場合、分業の原因だというよりもむしろその結果なのである」(同二八頁)。

「文明社会では、人間はいつも多くの人たちの協力と援助を必要としているのに、全生涯をつうじてわずか数人の友情をかちえるのがやっとなのである」。「人間は仲間の助けをほとんどいつも必要としている。だが、その助けを仲間の博愛心にのみ期待してみても無駄である。むしろそれよりも、もしかれが、自分に有利となるように仲間の自愛心を刺激することができ、そしてかれが仲間に求めていることを仲間がかれのためにすることが、仲間自身の利益にもなるのだということを、仲間に示すことができるなら、そのほうがずっと目的を達しやすい」(同二五〜二六頁)。

博愛心より自愛心のほうが、強力であり、普遍的であるというこの思想は、人間の自己中心性認識を基礎に、同感＝共感の概念によって倫理学を構築しようとした『道徳感情論』の思想と矛盾するように見えるかもしれない。いわゆる **「アダム・スミス問題」*** である。しかしながら、同感が人間の利己性を前提とした意志疎通、感情の交流の論理であったことを想起すれば、次のような思想は同感の哲学と相

＊アダム・スミス問題 『道徳感情論』の「同感」の原理と『国富論』の「利己心」の原理は両立しえず、スミスはフランス唯物論の影響を受けて前者から後者へ転向したとする解釈が、一九世紀末のドイツで提起された。この議論は、『道徳感情論』の改訂が『国富論』出版以降もなされていることを軽視したこと、同感を利他心と同義のものと解釈することなど、多くの誤解によるものであったが、この問題提起は、『法学講義』の発見などもあって、スミスの体系における倫理学と経済学、さらに法学の関係についての研究が深まる契機となった。

容れないものではないことがわかるであろう。
「われわれが自分たちの食事をとるのは、肉屋や酒屋やパン屋の博愛心によるのではなく、かれら自身の利害にたいするかれらの関心による。われわれが呼びかけるのは、かれらの博愛的な感情にたいしてではなく、かれらの自愛心にたいしてであり、われわれがかれらに語るのは、われわれ自身の必要についてではなく、かれらの利益についてである」(同二六頁)。

自分にとっての剰余を売りたいという思惑が交換に実現されるためには、特別の認識などいらないと見えるかもしれないが、そうではなく、経験を通して認識しているから、交換に実現できるのである。相手の感情を自らの心の受信機で感知する作用が共感であるから、このような拡大された意味内容をもつ以上、交換にあたって共感が作用していると言うこともできるであろう。

人間の利己性は、ヨーロッパ思想史の伝統においては、反社会性とみなされてきた。しかし、スミスにおいては利己性は決して反社会性ではない。しかし、利己性が不正と結びつくとき、それは反社会性に堕落する。スミスの独占批判はここに根拠が置かれる。

このように、人間の利己性をもうまく利用し社会の繁栄に結びつける分業は、まさに文明社会の豊かな生活を可能にする社会編成原理であった。分業は新たな発明も可能にするから、人間の能力を一面では開発する。

けれども、分業は良いことずくめというわけではない。従来の多くの研究者が指摘してきたように、スミスは分業の弊害にも鋭い批判の目を向けていた。細分された機械的な労働の反復は、人間の思考力を損ない、精神の様々な能力に劣る愚鈍で視野の狭い人間をつくるであろう。第一編では分業を賛美したスミスは、第五編で、このように分業の弊害を指摘する。
「分業の発達とともに、労働で生活する人々の圧倒的部分、つまり国民大衆のつく仕事は、少数の、しばしば一つか二つのごく単純な作業に限定されてしまうことになる。ところで、おおかたの人間の理解

写真４　初期の銀行券（スコットランド銀行の前身である亜麻会社の1768年４月５日付の１ギニー）

力というものは、かれらが従っている日常の仕事によって必然的に形成される。その全生涯を、少数の単純な作業、しかも作業の結果もまた、おそらくいつも同じか、ほとんど同じといった作業をやることに費やす人は、さまざまの困難を取り除く手だてを見つけようと、努めて理解力を働かせたり工夫を凝らしたりする機会がない。……こういうわけで、かれは自然にこうした努力をする習慣を失い、たいていは神の創り給うた人間としてなり下がれるかぎり愚かになり、無知になる」（『国富論Ⅲ』一四三頁）。

こうして政府が教育の配慮をしなければならない、とスミスは言う。このような分業の弊害論と教育による矯正ないし救済論は第五編の問題なので、次章において立ち戻ることにしよう。

◆貨幣論◆

以上のような分業論のあと、スミスは貨幣の起源と使用をごく簡単に論じている。「分業がひとたび完全に確立すると」、ひとは自分の剰余を他人の剰余と交換して、自らの欲望を満たす。こうして「だれでも、交換することによって生活し、いいかえると、ある程度商人となり、社会そのものも、まさしく商業社会（commercial society）とよべるようなものに成長する」（『国富論Ⅰ』三九頁）。

このあと「貨幣がすべての文明国民において商業の普遍的用具となった」プロセスを簡単に描写したスミスは、「人々が、財貨を貨幣と交換するか、または財貨を相互に交換するにあたって自然に守るルール」の検討に入っていく。スミスは、交換価値の真の尺度を労働に求める。こうして、労働価値理論との関連で貨幣価値の分析をおこなうが、貨幣理論とよびうるような貨幣分析は、スミスにはない。貨幣は交換手段としてのみ考えられている。貨幣発行が信用を創り出し、有効需要を拡大して、経済活動を活性化するという思想をスミスはあまり認めようとはしなかった。この点において、スミスはステュアートからも遅れていると言われる。しかしまた、そのことは、スミスのバイアス、ある意味で健全な、労働（写真5）を尊重する人間生活中心の思想の反映であるとも言える。

写真5　労働の価値——家内手工業

◆労働価値説◆

分業の見られない初期未開の社会とは、資材の蓄積もなければ土地の占有もない社会であり、馴染み深い用語を使えば、「独立生産者社会」——もちろんこれはスミスの用語ではない——である。このような初期未開の社会「状態では、労働の全生産物は労働者に帰属し、ある財貨の獲得または生産に普通に投じられる労働費は、その商品がふつう購買、支配、もしくはそれと交換される労働の量を定めうる唯一の事情である」（『国富論Ⅰ』八〇頁）。

しかしながら、資本蓄積とともにこの投下労働価値説は妥当しなくなる。資本が蓄積されることによって、分業も可能になるのであるが、資本蓄積が進み人びとが分業に従事している社会、すなわち文明社会では、資本提供者は投資によってそれに応分の利益を期待する。それは労働を提供するものが対価を要求するのと同じである。土地を提供するものもまた、なにがしかのその対価を要求するであろう。万人が商人である「商業社会」では、ひとびとは、労働か資本か土地のいずれかを提供して生活を営むのである。こうしてそれぞれが提供するものが労働か資本か土地かによって、賃金、利潤、地代という異なる形態の収入が発生することになる。そのようなことが可能になるのは、資本蓄積と分業によって労働生産力が増大するからであって、増加分は資本の提供者と土地の提供者に配分されるのである。したがって、文明社会では、労働生産物の価値は、もはや投下労働の価値によって直接規制されなくなる。

マルクスは、このようなスミスの支配価値説あるいは構成価値説を、労働価値説の挫折であり、スミスの理論的破綻であるとして批判し、投下労働価値説を最後まで貫徹することが正しい立場であると主張した。しかし、スミスのこのような理論展開は、なるほど破綻と見ることもできるかもしれないが、小林昇がつとに指摘したように、むしろ、そのことによってスミスは、労賃、利潤、地代の三範疇の把握に成功し、発展した文明社会とは――経済の観点からみると――労働者と資本家と地主から成る「資本主義社会」――スミスにはこの用語はないが――に他ならないという認識を、はじめてもたらしたのであった。新しい社会認識は新しい概念（言葉）の鋳造とともに生まれるという、これは典型的な事例である。

3　富裕への進路について

◆投資効率論◆

ところで、スミスによれば、資本蓄積はどのような順序でおこなわれても同じというわけではない。産業の分野によって効率が異なり、生産性も異なるのであって、同額の資本を投資するばあい、農業がいちばん効率が高い。そこでは家畜も労働するし、土地自体の肥沃さが生産性の向上に寄与するからである。次に手工業が効率的である。それは商業が新たな富を追加するわけではないのにたいして、手工業＝製造業では労働と技巧によって富が生産されるからである。生産的労働でない商業についての効率は、同額の資本でどれだけの人手を雇えるかという雇用への貢献によって順位がつけられるのであって、二倍の国内の雇用を生み出す国内商業が外国貿易より優先されるのである。こうしてスミスによれば、資本投下の自然的順序、すなわち投資効率は、農→工→国内商業→外国商業となるはずのものである。

この投資効率論を主要な分析用具のひとつとして駆使しつつ、ローマ帝国衰亡後のヨーロッパの経済発展の不均等性を説明した、いわば経済史の部分が第三編（Bk. 3 Of the different Progress of Opulence in different Nations）である。ここでスミスはヨーロッパにおいてはローマ帝国衰亡後、進歩が遅々として進まなかったのは、外国貿易が優先されて資本投下の効率が無視されたからであると述べている。しかしまたスミスは、転倒した順位の資本投下がおこなわれてきたにもかかわらず、経済発展が遂げられてきたのは、その転倒を貫いて、いわば意図せざる結果として、自然のプロセスが次第に実現されてきたからであると主張してもいるのであって、このようにスミスの議論は、いささか明晰さを欠いた複雑な議論になっていることは否めない。

この第三編は、第四編の二割にもならない短篇である。しかし、スミスの確信が表明されているという意味では、重要な編である。この編は四章に区分され、順に「富裕になる自然の進路について」、「ローマ帝国没落後のヨーロッパの旧状においては農業が阻害された」、「ローマ帝国没落後における都市の発生とその発達について」、「都市の商業はいかにして農村の改良に貢献したか」となっている。ここではゲルマン中世以後の歴史の発展が、連続的に把握されている。ここには、ローマ帝国衰亡原因はなにかという、スミス時代の思想家をとらえた「**ローマ問題***」はみられないが、その問題は、第五編において、軍の「規律」の有無というエートス問題の視点から説かれている。

◆ローマ帝国没落原因論◆

「ギリシャ諸共和国とペルシャ帝国の没落は、常備軍がどんな種類の民兵よりも、抗するすべもないほど優れていることの結果なのであった。そしてこの没落こそは、歴史になんらかの明瞭な、あるいは詳しい記述を留めている人類史上最初の大変革である。／カルタゴの没落とそれに続くローマの興隆は、その第二の大変革である。これら二つの有名な共和国の運命におけるすべての明暗は、同じ原因からみごとに説明できる」（『国富論Ⅲ』二一一頁）。

こうしてスミスは「軍律正しく訓練を積んだ常備軍」が維持できるか、事実上の民兵に堕落するか、

＊**ローマ問題** この時期、ローマ帝国衰亡の原因が多くの思想家をとらえたトピックとなった。モンテスキューの『ローマ人盛衰原因論』がその機運を高め、キリスト教にもローマ衰退の責任を負わせたギボンの『ローマ帝国衰亡史』、富の蓄積や領土の拡大による公共精神の衰退とからめてローマの弱体化を論じたファーガスンの『ローマ共和国盛衰史』など多くの論考が現れた。

という視点から考察を加えていく。スミスによれば、規律ある常備軍が最上で、次に規律ある民兵が強く、規律なき常備軍は規律なき民兵と同じく無力である。

「いろいろと多くの原因がはたらいて、ローマの軍規は弛んでいった。……帝政時代に、ローマの常備軍、とりわけゲルマンと**パンノニア***国境の守備にあたった常備軍は、主人たる皇帝にとって危険な存在となった。というのは、かれらが、しばしば自分たちの将軍を押し立てて、皇帝に対抗したからである」(同二四頁)。そこで皇帝は、国境の大部隊を引き上げさせて、小部隊に割って方々の地方都市に分散させた。

こうして「小部隊に分かれて商工業都市に宿営し、そこからめったに移動しなくなった兵士たちは、自ら商人、職人、製造業者になった。市民としての性格が、軍人としての性格より強くなっていき、こうしてローマの常備軍は、次第に腐敗し、なおざりにされ、軍規も乱れた民兵に成り下がっていった。それは、その後まもなく西ローマ帝国に侵入してきたゲルマンと**スキタイ***の民兵の攻撃に耐えることができなかったのである」(同二四〜二五頁)。これが人類史上、第三の大変革であった西ローマ帝国の没落の原因である。「それは、野蛮民族の民兵のほうが文明国民の民兵より、つまり、遊牧民族の民兵のほうが農夫や職人や製造業者の国民の民兵より、問題にならぬほど強いことから起こったことである」(同二五頁)。

この問題は言うまでもなく、モンテスキューがつとに取り上げ、ギボンやファーガスンも取り組んだ大問題である。最晩年までモンテスキュー批判という意味をもつ法学の著作を書くプランを抱いていたスミスの見解と、モンテスキューなどとの見解の比較は興味深いが、ここでは立ち入らないでおこう。

◆富裕の進路◆

さて問題を戻して、スミスの富裕の進路をめぐる議論を見てみよう。「およそ文明社会における大規

＊**パンノニア**（Pannonia）ヨーロッパ中部に位置した古代ローマの属州で、現在はハンガリー等に含まれている。

＊**スキタイ**（Scythia）黒海とカスピ海の北方と東方の地域の古代名（スキュティア）。

模な商業といえば、それは都市と農村の住民とのあいだで行われる取引である」(『国富論Ⅱ』三頁)。このように都市と農村の商業、すなわち社会的分業から説き起こして、スミスは、国内市場型の経済循環を利益の大きさという観点から正当化し、議論の出発点――いわば第一原理――とする。この点は重要である。

「農村は都市に生活資料と製造業のための原料を供給する。この供給にたいして、都市は製造品の一部を農村の住民に送る。都市では物質それ自体の再生産ということはないし、またありえないから、都市はその富と生活資料のすべてを農村から得ていると言ってよかろう。……両者の利得は相互的であり互恵的であって、分業はこの場合も、他のすべての場合と同様、細分化された、さまざまの職業に従事する、あらゆる人々にとって有利なのである」(同三～四頁)。

農村の住民は自分でつくる場合より少ない労働で、製造品を都市から買うことができる。都市は農村の余剰生産物に市場を提供する。都市の人口と収入が多ければ多いほど、農業生産物の市場は大きいし、また市場が広ければそのぶん有利である。近郊の農産物は遠方のそれと同じ価格で売られるから、近郊の農産物は運送費の差を利得できるし、交換に持ちかえる運送費も節約できる。

ところが、このような分業は最初から成立しているわけではない。当然、農業と農村が製造業と都市に優先するであろう。ヒュームがつとに説いたように農工分業は農業の剰余から始まるのである。

「生活資料は、事物の性質からいって、便益品や奢侈品にさきだって必要だから、前者を得るための産業は、後者を満たす産業に、当然優先しなければならない。そこで、生活資料を提供する農村の耕作と新農法による改良とは、必然的に、便益と奢侈の手段をつくりだすにすぎない都市の発達に先行しなければならないわけである。農村の余剰生産物のみが、つまり、耕作者の生活維持に必要な分を超えるもののみが、都市の生活資料となるのだから、都市は、この余剰生産物の増加なくしては発展できない」(『国富論Ⅱ』五頁)。

ところが、都市は、全生活資料を、必ずしも近郊の農村や国内から獲得するとは限らず、遠方の諸国から調達する場合もある。これは一般原則の例外ではないが、スミスによれば、これが「時代により国民により、富裕になる進路に大きな差異を生じさせた原因」なのである。スミスは述べる。「一般に必要に基づいた事物のこの順序が、どこの国でもそのとおりになるというわけではないが、人間本性の傾向によって促進されることは、どこでも変わりはない。もし、人為的諸制度がこの傾向を妨害しなかったなら、都市は、少なくともその全国土が完全に耕作され改良がゆきわたるまでは、どこにおいても、国土の改良と耕作とが許容する以上には発達できなかったにちがいない」（同六頁）。

ここによく示されているように、スミスはつねに人間本性を念頭に置いて、推論している。スミスはこう続けている。「いったい、利潤が等しいか、ほぼ等しいなら、たいていの人は、自分の資本を、製造業や外国貿易に投下するよりも、むしろ土地の改良と耕作に投ずるほうを選ぶだろう。土地に資本を投ずる者は、貿易商人に比べて、その資本を身近で監視し、支配することができ、資産が不慮の事故にあうこともずっと少ないが、貿易商人は、資産をしばしば風波にさらすばかりでなく、遠国にあって、人柄も素性もはっきりとはわからないような人々に大きな信用を与えて、人間の愚昧と不正という不確かな要素に自分の資産をゆだねざるをえない。これにたいして、自分の土地の改良に投下されている地主の資本は、人の為す業としてはもっとも安全なように思われる」（同六〜七頁）。

それだけではない。農村生活の魅力もある。「それに加えて、農村の美しさ、田園生活の楽しさ、それが保障する心の安らぎ、そして不正義の人為的法規が妨げないかぎり田園生活がかならず与えてくれる独立自主、これらは、多かれ少なかれ万人をひきつける魅力である。しかも、大地を耕すことはそもそも人間の本来の使命であったから、人間はその生活史のあらゆる段階を通じて、とくにこの原始的な職業を愛好しているように思われる」（同七頁）。

このように、スミスは資本投下の自然的順位を確立すべく、説明をいろんな角度から付け加えるので

写真６　ヴァージニア植民地

あるが、北アメリカ植民地（写真６）の例証によっても補強している。「今日なお未耕地を容易に取得できるわが北アメリカ植民地においては、遠隔地向けの販売を目的とする製造業は、どの都市にもまだ始まっていない。北アメリカでは、一職人が近郊農村に供するための商売を営むのに必要なよりも、ほんのわずかでも余分の資本を得たときには、かれはその資本をもって遠隔地向けの製造業を始めようとはしないで、未耕地の購入と耕作にそれを投下する。かれは職人から農場主になってしまい、この国が職人に提供する高賃金も楽な生活も、かれを自分自身のためよりも他人のために働くように誘うことはできないのである。かれは思う、職人は顧客の召使であり、顧客に食べさせてもらっているが、自分の土地を耕し、必要な生活資料を自分の家族の労働で獲得する農場主こそは、真に一本立ちの主人であり、世間から完全に独立している、と」（同八頁）。

◆経済発展の順序――自然と転倒あるいは作為◆

ところがスミスによれば、このような資本投下の自然的順序が、歪められずにそのまま歴史的に実現してきたわけではない。第三篇の二章から四章にかけて分析されるのは、ローマ帝国没落後のヨーロッパにおける転倒の歴史であって、まず農業が阻害され、先に都市が発達し、都市の商業が農村の改良に役立ったという実際の歴史プロセスが描かれる。

こうした転倒を貫いて、本来の自然的順序が次第に実現したというスミスの分析は、一見不可解に見えるけれども、近視眼的な人間の作為はしばしばそのような転倒を生み出すが、長期的には無理のない自然な秩序が実現するのだというスミスの人間観、社会秩序観からすると、理解不可能というわけではない[1]。

1　この問題については、小林昇「『国富論』における歴史批判」『小林昇経済学史著作集Ⅱ　国富論研究（2）』（未來社、一九七六年）を参照。

第7章 スミスの法・政治・政策
――『国富論』の後半体系

1　重商主義批判

◆立法者の科学と重商主義政策◆

前章に述べたように、出版直前に加筆され、それまでの三編に比べてアンバランスに肥大した『国富論』の第四編は、「経済(学)の諸体系」について(Bk. 4 Of Systems of Political Economy)という表題のもとに、重商主義と重農主義の理論と政策、思想と実践を批判した部分であり、とりわけ重商主義政策とその政策の推進主体に対するスミスの激しい論難と現状批判が詳細に展開されている。

「**ポリティカル・エコノミー***は、およそ政治家あるいは立法者たるものの行うべき学(science)の一部門としてみると、はっきり異なった二つの目的をもっている。その第一は、国民に豊かな収入もしくは生活資料を供給することである。つまり、もっと明確にいえば、国民にそうした収入や生活資料を自分で調達できるようにさせることである。第二は、国家すなわち公共社会にたいして、公務の遂行に十分な収入を供することである。だから経済学は、国民と主権者をともに富ませることをめざしている」(『国富論Ⅱ』七五頁)。

「時代が異なり、国民が異なるにつれて、富裕になる進路も異なったが、この違いが、国民を富ませる

* **ポリティカル・エコノミー(経済学)** ドメスティック・エコノミー(家政学あるいは家の生活秩序の学)に対して、一国の生活秩序を扱う学がポリティカル・エコノミーであり、ポリス＝国家・社会のエコノミーであるから、政治経済学という意味ではない。スミスの定義は、(その先駆も含めて)古典派経済学の基本的性格を示すものとして重要である。

方途について、ポリティカル・エコノミーの二つの異なるシステムを成立させた。ひとつは商業のシステム、他方を農業のシステムと呼んでよいだろう。わたしはできるだけ十分かつ明瞭に両者を説明することにしたい。まず商業のシステムから始める。これは近代のシステムであり、わたしたちの国において、わたしたち自身の時代に最もよく流布されている」(『国富論Ⅱ』七五頁)。

このように述べて、スミスは、トマス・マンとジョン・ロックをテクストとして引用しながら、ブリオニズム(重金主義)、**貿易差額説***をスミスなりに内在的に理解し——とはいうもののその理解は大きな欠陥があることが正当に指摘されてきた[1]——、その上で論破することから、始めていく(第一章)。この編は全九章のうち八章までが重商主義の分析と批判にあてられ、最終章が重農主義に割かれている。章の表題は以下の通りである。

- 第一章「商業のシステムの原理について」
- 第二章「国内で生産できる財貨を外国から輸入することにたいする制限について」
- 第三章「貿易差額が自国に不利と思われる諸国から輸入されるほとんどあらゆる種類の財貨にたいする特別の制限について」
- 第四章「戻し税について」
- 第五章「奨励金について」
- 第六章「通商条約について」
- 第七章「植民地について」
- 第八章「商業のシステムの結論」
- 第九章「農業のシステム、すなわち土地の生産物がすべての国の収入と富の唯一またはおもな源泉だと説く経済学上の主義について」

スミスは「富は貨幣すなわち金銀からなるという通俗的見解」を十分に検討する。スミスは、なぜ金

---

* **貿易差額説**　金銀を一国の富の代表とみなし、金銀の流入奨励と流出抑制を唱える重金主義に基づき、貿易の差額を黒字にすることで国内の金銀を増やそうとする、最も重商主義的な貿易論。各国との個別の貿易黒字を説く個別的貿易差額説と、全体としての貿易黒字を説く総貿易差額説の二つの議論があり、後者は、『外国貿易によるイングランドの財宝——わが国の貿易差額が、わが国の財宝の基準である』(一六六四年)を著したトマス・マンに代表される。『国富論』で重商主義の理論的基礎として批判の対象となった。

銀が重視され、金銀の増加をめざす貿易差額説が採用されてきたかを、内在的に理解し、説明したのち、第一章の末尾で、以下の分析指針を説明している。

「富は金銀から成るという原理と、金銀の鉱山のない国では、ただ貿易差額によってのみ、つまりその国が輸入するよりも大きな価値を輸出することによってのみ、金銀を獲得することができるという原理と、この二つの原理が確立されたので、国内消費用の外国品の輸入（写真1）をできりだけ少なくし、国内産業の生産物の輸出をできるだけ増やすことが、必然的に経済政策の大目的になった。かくして、国を富ませるための二大方策は、輸入にたいするさまざまな制限と、輸出に与えられる各種の奨励とになった」（同一一三頁）。

写真1　フランスから大ブリテンへの厖大な輸入品を風刺した絵（1757年）

　二章以下のトピックになる二種類の輸入制限策と四種類の輸出奨励策、この六大手段をスミスはそれぞれ一章をあてて詳細に説明しつつ、批判するが、スミスがかくも詳細な分析をおこなったのは、まさに当時の大ブリテンが採用している政策だったからである。

　第二章にスミスの思想の核心が述べられている。

「各個人は、自分の自由にできる資本があれば、それをもっとも有利に使おうといつも努力するものである」（同一一六頁）。正しい原理を確立しようというスミスの出発点はこの思想である。ここから導かれる帰結は次の二つである。「第一に、だれでも、自分の資本をできるだけ手近な場所で、したがって、できるだけ自国内の勤労活動の維持に、使おうとするものである。ただし、この場合、それによって、資本の普通の利潤ないしそれに近い利潤が得られることが条件である」（同一一七頁）。「第二に、国内の勤労の維持に自分の資本を用いる人はみな、その生産物ができるだけ大きな価値をもつような方向にもってゆこうと、おのずから努力する」（同一一九頁）。

　スミスは、商人の行動の動機を理解しつつ、慎重な推論をして、読者を説得する。しかし、商人は、リスクも利潤も大きい遠隔地貿易と、安全だが平均利潤しか得られない国内商業とを秤にかけて、いつも後者を選ぶとは言えないだろう。これはスミスも認めるであろう。しかし、問題は、全般的に、あるいは平均的にスミスのいうように国内商業への投資がいちばん有利だと言えるかどうか、言えるとしても商人がそう理解するかどうかである。有利に投資するということから、国内商業への投資を導くこのスミスの推論は、十分に正当化された命題ではない。

しかし、スミス時代の小規模な商工業者は、習慣上からも能力からも、国内商業向けの安全な投資を選ばなければならない理由があったものと思われる。高利潤の遠隔地貿易に投資できたのは、大金持ちと、なけなしの小額の資本を冒険に投資してみる小さな野心をもったロマンチストであった。おそらく、限られた条件のもとでのみ、スミスの推論は妥当すると言ってよいだろう。

商人はつねに啓蒙されているわけではない。人間は、拡大鏡はもっていても望遠鏡はもっていないものである。**意図せざる結果**[*]を招くのは、社会全体としてだけではない。個人の意図と行為の結果は多かれ少なかれ食い違うものではないか。スミスの推論は一応合理的だが、商人の投資行動の理解としては十分なものではない。

「すべてどの社会も、年々の収入は、その社会の勤労活動の年々の全生産物の交換価値と、つねに正確に等しい、いやむしろ、この交換価値とまさに同一物なのである。それゆえ、各個人は、かれの資本を自国内の勤労活動の維持に用い、かつその勤労活動を、生産物が最大の価値をもつような方向へもっていこうとできるだけ努力するから、だれもが必然的に、社会の年々の収入をできるだけ大きくしようと骨を折ることになる。もちろん、かれは、普通、公共社会の利益を増進しようなどと意図しているわけでもないし、また自分が社会の利益をどれだけ増進しているのかも知っているわけではない」(『国富論Ⅱ』一一九〜二〇頁)。

自分の利益の増進だけを意図した個人の行為が、結果としては、社会の利益の増進をもたらすというこ

＊**意図せざる結果**　これはスミスの自然観とも関わるけれども、自然というものは、人間の意図で操作できるものではないという自然法思想に由来する秩序観が根底にある。人間の意図を通して生まれる社会現象にしても、意図の通りになることはあまりないというのがスミスの見解である。しかし、人間が欲望や目的をもって懸命に努力することを、スミスは退けないばかりか、推奨する。諦めて努力しなければ、境遇はもっと悪くなるというのである。その意味で、人智を越えたものが自然であり、事物のなりゆきであるというのであるが、個人の活動そのものを疎かにしているわけではない。個人の欲望追求行為をミクロな自然というならば、そのようなミクロな自然が、なりゆきに媒介されて、マクロな自然の結果につながっているというのがスミスの分析であり、スミスはそのようなトータルな自然を肯定的に受け入れる立場にたっている。自然をなぜ肯定できるかというと、究極的には神が自然、世界をそのように造っているからであるという思想に行き着くであろう。しかし、スミスは社会世界も自然世界と同じく、見事なまでにうまく構築されているということを、事実に即して説明し

ようと努力したのであって、その努力に注目しなければならない。

の論理は、マンデヴィルのものでもあった。ただし、マンデヴィルはその論理が働くために、為政者の巧妙な管理を前提にしていた。しかし、スミスはもはやそのようなものに頼る必要はないとする。市場システムの成立、それだけが必要条件である。「外国の産業よりも国内の産業を維持するのは、ただ自分自身の安全を思ってのことである。そして、生産物が最大の価値をもつように産業を運営するのは、自分自身の利益のためなのである。だが、こうすることによって、かれは、他の多くの場合と同じく、この場合にも、見えざる手に導かれて、自分では意図してもいなかった一目的を促進することになる」（同一二〇頁）。「かれがこの目的をまったく意識していなかったということは、その社会にとって、かれがこれを意図していた場合に比べて、かならずしも悪いことではない。社会の利益を増進しようと思い込んでいる場合よりも、自分自身の利益を追求するほうが、はるかに有効に社会の利益を増進する場合がしばしばある。社会のためにやるのだと称して商売をしている徒輩が、社会の福祉を真に増進したというような話は、いまだかつて聞いたことがない。もっとも、こうしたもったいぶった態度は、商人のあいだでは通例あまり見られないから、かれらを説得して、それをやめさせるのは、べつに骨の折れることではない」（同一二〇〜一二一頁）。

こうして、自由な投資、完全な自由競争を支持するスミスは、こうした自由主義を基礎に独占の批判に討って出るのである。

スミスによれば、重商主義政策は、結局、国民的利益という名の下に、一部の産業に保護や関税などの特恵を与えることによって、その実、一部の商工業階級に利益を与えるものである。そのような政策が罷り通っているのは、商人と製造業者が結託して為政者を巻き込んで彼らの階級的な利益を追求する政策を採用させているからに他ならない。商工業者と政界の癒着をスミスはこのように強く批判しているのである。貴族と交際のあったスミスは政界にも通じていたように思われるし、スミスの法律の知識は、傑出していた。事情通のスミスは、透徹した原理を基礎に、現実政治を批判していると言ってよい。

スミスによれば大多数の国民＝消費者は、その結果、より高い商品を買わされることになる。したがって重商主義は消費者＝国民大衆の利益に反する政策である。

◆自然的自由◆

「特恵を与えたり制限したりする一切の制度が完全に撤廃されるならば、ここに簡明な自然的自由の制度（system of natural liberty）が自然に確立される。この制度のもとにあっては、各人は正義の法を犯さない限り、思うままに自分の利益を追求し、自己の労働と資本を用いて、他のいかなる人、あるいはどのような階級の人の労働と資本とも競争するのを完全に放任される」（『国富論Ⅱ』五一一頁）。

スミスがこの文章の思想にたどりついたのは、ずっと遡って一七五五年のことであったとされている。すなわち「今日に至るまでのわたしの講義の不変の主題」について触れた「一七五五年の覚え書き」に、すでに次のように述べられている。

「自然がそれ自身の企図を実現しうるために必要なのは、自然を放任して、その目的追求においてフェア・プレイを与えることだけである。……国家を最低度の野蛮から最高度の富裕に導くために必要なのは、平和と軽い税と若干の正義のほかにはほとんどない。その他のすべてのものは、事物の自然のなりゆきによってもたらされる」[2]。

こうして「自然的自由の制度によれば、主権者が配慮すべき義務はわずかに三つである。……その第一は、自分の国を他の独立社会の暴力と侵略にたいして防衛する義務である。第二は、社会の成員ひとりひとりを、他の成員の不正や抑圧から、できるかぎり保護する義務、つまり、厳正な司法行政を確立する義務である。そして第三は、ある種の公共土木事業を起こし、公共施設をつくり、そしてこれらを維持する義務であって、それらを実施することは、いかなる個人にも、あるいは少人数の個人が集まってみても、とうてい採算のとれるものではない」（同五一一頁）。この主権者の職務論は『国富論』第五編においてより詳しく述べられている。

◆アメリカ問題◆

ところで、このような自然的自由が、即刻実現するとはスミスは思わないと明言している。また一切の重商主義的規制を即座に廃止することは無用のフリクションを引き起こすので、賢明ではないというのが、スミスの明察であった。さらにまた、規制のなかには有効なものもあり、例えば、海運国大ブリテンにとって、**航海条令**[*]の利益はスミスも認めざるを得ないと述べている。

このような留保はあるものの、自由放任主義は、自ずから、自由貿易論、植民地解放論に導くはずのものである。アメリカ問題も植民地アメリカの地位という限りでは、母国の抑圧からの自由をスミスは支持したはずである。したがって、アメリカ問題が合邦か分離独立かということになれば、スミスにはどちらでも構わないはずであった。にもかかわらず、スミスはこの問題について詳細な分析をおこなった。

その理由はアメリカ植民地はイングランドと大ブリテンが、抑圧もしてきたが、大金を投じて保護育成もしてきたのであって、いかに重商主義政策が間違っていたとしても、保護育成に投じたコストは大きく、したがって植民地にたいする主権をすぐに断念できるものではないという、母国の側の心理、また今は抑圧に抗議しているけれども、植民地は母国の保護によって成長してきたのだという植民地側ももてるはずの認識と経緯を考えると、最善の和解の道をさぐることがベターだとスミス自身も考えたからに他ならない。

◆合邦か分離独立か◆

こうしてスミスは合邦案を詳細に検討している。合邦というのはアメリカ植民地に大ブリテンの国会の議席を配分することである。加えて、課税はするけれども従来の植民地規制は撤廃するということになれば、アメリカは正規の国家の一部になり、対等の地域として自由を得ることができるであろう。し

＊**航海条例**　一六五一年にクロムウェルの統治のもとで制定され、イングランドとの貿易をイングランドと原産国の船に限定した条例。重商主義的政策として、中継貿易で繁栄していたオランダを排除する意図を持っていたため、英蘭戦争（一六五二―五四・六五―六七・七二―七四年）を引き起こした。イングランドはこの戦いに勝利することで、オランダの商業的な優越を崩した。また植民地、特にアメリカは完全に本国に従属させられることになり不満を募らせた。自由貿易の原則の下で廃止されるのは一八四九年になってからであった。

かし、合邦案の問題点は、そのことではなく、むしろアメリカが大西洋を隔てて十分に遠いということにあった。加えてアメリカは巨大な大陸であり、経済発展も人口増加も急速である。このような巨大な地域をより狭小な国家が合邦するということには、そもそも無理があった。

したがって、合邦すれば、やがてアメリカが大ブリテンの中心となり、首都も移転するのが自然である。この合邦→首都移転論は**フランクリン**の交友圏にいた思想家の間ではつとに話題となっていたものであって、けっしてスミスの独創ではない。首都のアメリカへの移転にイングランド人は納得するであろうか。このような点からすれば、分離独立のほうが無理のない方法であるかもしれない。アメリカ植民地が独立し、別の国家となっても、かつての母国である大ブリテンとは友好関係を維持することは可能である。スミスは結局、事態の展開の結果、アメリカが独立を指向し始めたこと、公債の累積も巨額に達したために、もはや合邦はありえず、分離独立が残された唯一の道であることを、第五編の公債論のくだりで認め、そう指摘した。スミスのアメリカ植民地分離独立論は、したがって、明快というよりは、苦渋をかみしめた結論であった。

フランクリン Franklin, Benjamin 1706-90

ボストンの貧しい家庭に生まれ，フィラデルフィアで『ペンシルヴァニア・ガゼット』などを発行した。大ブリテンの知識人とも交流をもち，アメリカの情報を大ブリテンにもたらした。植民地の協同を主張し，第二回大陸会議代表（1775年），独立宣言起草委員（1776年）も努めた。また1776年にフランスに派遣されて米仏同盟の締結に成功した。1783年パリ講和会議全権として活躍し，憲法制定会議（1787年）でも重要な役割を担った。雷の実験などによって科学者としても有名。

2 アダム・スミスの国家論

第五編は「主権者あるいは国家の収入」（Bk. 5 Of the Revenue of the Sovereign or Commonwealth）を主

題とする。この編は三章に分かれ、国家の経費論、歳入論、公債論からなる。

第一章の国家経費論は四節に分かれ、順に軍事費、司法費、公共事業費、主権者の威厳維持の経費となっている。このことからもわかるように、スミスは文明社会における主権者の義務を国防、司法、公共事業に限定する主張を展開する。

第二章の歳入論は、基金論と租税論の二節に分かれているが、最終章の公債論は細分されていない。編別構成に示された題目は国家経費となっているが、スミスは経費を論じる前提として国家の様々な機能の歴史的分析を詳細におこなっており、むしろ力点は、費用論以上に、軍事、司法、公共事業、租税などの歴史的な発展の解明に置かれているとさえ言えよう。

写真２　正規軍「ブラック・ウオッチ」連隊の行進

◆国防——規律ある常備軍◆

ここでまずスミスは、主権者の第一の義務は「他の独立した社会の暴力と侵略から」の社会の防衛にあり、それは軍事力によってのみ可能であるが、軍事経費は社会の状態の違い、進歩の段階の違いによって変わる、と述べることから議論を始めている。そしてスミスは『グラズゴウ法学講義』を踏襲して、国家の成立過程を狩猟、遊牧、農耕、商業という生活様式の四段階発展との関連で回顧し、遊牧による家畜の飼育とともに富の蓄積が発生し、正規の政府が樹立されるにいたることを指摘する一方で、戦術と軍制も進歩し、民兵から常備軍へと移行することになる、と論じている。スミスのキーワードは「規律ある常備軍」（写真２）による国防である。「軍律正しい常備軍は、いかなる民兵にもまさっている。そういう軍隊は、富裕な文明国民によってもっともよく維持されるし、そこでまた、常備軍だけがそういう国民を、貧乏で野蛮な隣国の侵略から守ることができたのである。それゆえに、ど

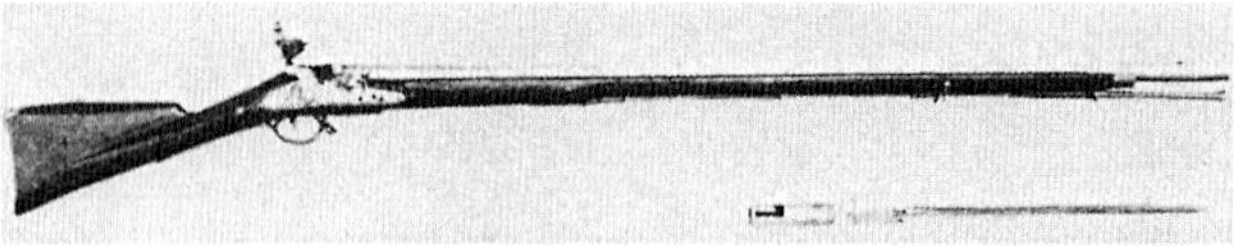

写真3　当時の鉄砲

んな国の文明も、常備軍という手段によらないでは永続することはできないし、あるいは相当の期間保持することさえできない」（『国富論Ⅲ』二七頁）。

「近代の戦争では、火器に要する経費費用が大であるから、この経費をもっともよくまかなえる国民が明らかに優位にたつ。……古代には、富裕な文明国民は、貧乏な野蛮国民にたいして、みずからを防衛することのむずかしさを思い知った。近代では、貧乏な野蛮国民が、富裕な文明国民にたいして、みずからを防衛することのむずかしさを思い知るのである。火器の発明は、一見はなはだ有害のように見える発明だが、これは文明の永続と拡大の両方にとってたしかに好ましい」（同三二頁）。

スミスはこのように、火器（写真3）による武装と軍律正しい常備軍という二つの要因の結合を近代の軍事のメルクマールとしている。これが、スミスの主張の核心である。

しかし、近代では貧乏な野蛮国民が富裕な文明国民にたいして自己を防衛することが困難である、という文章はどう理解したらよいのだろうか。この思想は、事実の記述なのだが、文明国による未開国の侵略の必然性の記述のように思われるであろう。主権者の義務が国防にあるとすれば、文明国民の主権者が野蛮国民を侵略することは、義務を越えた行為ではないだろうか。スミスがそう考えなかったとは思えないのだが、最後の引用文は、文明国民の帝国主義的拡張を文明の拡大として擁護しているように読めるであろう。スミスの真意はどこにあるのだろうか。

ただし、これがスミスの議論のすべてではない。常備軍を補助するものとしての民兵制の併用もスミスの主張するものである。その点はのちに見よう。

◆司法——権威の原理と功利の原理◆

主権者の第二の義務は、「社会のすべての成員を、同じ社会の他の成員の不正や抑圧から、できるかぎり保護する、あるいは裁判の厳正な実施を確立するという義務である」が、これも社会発展の時期の違いによって、その経費は大いに違う。

スミスによれば、「高価で厖大な財産ができてくると、どうしても政府（civil government）を樹立する必要が生じる」。大財産は貧民を挑発するからだ、とスミスは言う。

ここでのスミスの説明はきわめてホッブズ的で、興味深いものである。「嫉み、恨み、または怒りだけが、人を駆って他人の身体や名声に侵害を加えさせうる情念である」。だが、大多数の人間は、さほどそうした激情に駆られるわけではないし、極悪人とて、いつも他人を侵害しているわけではない。大多数の人間は、落ち着いてじっくり考えれば、そういう情念は抑制してしまうのが普通である。であれば司法権力がなくても、あるていど安全な社会生活ができるだろう。

写真４　法廷模様（ホガース 1758年作）

ところが、大財産と不平等が加わると事情が違ってくる、とスミスは言う。「富者の貪欲と野心」、「貧乏人の労働を嫌悪し、目先の安易さと享楽を好む心」が、他人の財産を奪わせる。この二つの情念は「嫉み、恨み、怒り」に比べて、常に作用しており、影響の及ぶ範囲もはるかに広い。

「大財産のあるところ、かならず大不平等がある。一人の大金持ちがいれば少なくとも五百人の貧乏人がいるにちがいなく、少数者の豊かさは多数者の乏しさを意味する。富者の豊かさは貧乏人の怒りをかきたて、かれらは欠乏に駆られ、同時に嫉みにそそのかされて、しばしば富者の所有物を侵すにいたる」。

こうして司法権力（写真４）が必要となる。「多年の、あるいはおそらく何代にもわたる労働で獲得した高価な財産の所有者が、ただの一夜にせよ安眠できるのは、司法権力の庇護のもとにあればこそなのである。かれはいつも、だれともわからぬ敵にとり囲まれている。その敵は、けっしてかれのほうで挑発したのではないのだけれども、けっしてなだめられるはずのない敵なのであって、その不正からかれを保護しうるのは、不正を打ち懲らしめようとたえず振り上げられている司法権力の強力な腕のみである」（『国富論Ⅲ』三三二頁）。

ここにはまた、興味深い大学批判や学問論、時代精神批判としての武勇の精神論も展開されていて、一顧に値する。スミスによれば、オックスフォード大学が名声に反して学問教育が振るわないのは、教授の俸給が固定されているからである。スミスは競争原理の導入なしには、そのような沈滞を脱することは困難であると述べている。スコットランドの大学の場合は、教授の収入は一部は学生の聴講料から成っていたのであって、講義に成功し、多数の学生を集めることができた教授は、それだけの努力報酬を得ることができた。この時代のスコットランドの大学には活気がみなぎり、学問研究が盛んに行われ、すぐれた学者が輩出した。グラスゴウ大学もエディンバラ大学も大ブリテン全体から学生を集めるようになっており、その学術水準は同時代人から高く評価されていた。

◆分業＝疎外論*◆

スミスは、文明社会では分業によって人びとの視野が狭くなり精神は愚鈍になるので、そのような弊害を克服する役割を教育が担わなければならないと考えた。分業こそ文明社会の富裕を可能にした恵み多い原理であるにもかかわらず、また分業は各人にそれぞれの分担範囲についてのみ責任をもてばよいということによって、精神の負担を軽減したにもかかわらず、そのような安楽は、機械的な作業による精神力の退行という堕落をともなわざるを得ないというのである。ここには、産業文明というものに対するスミスのきわめて鋭い分析とアンビヴァレントな感情が示されている。

しかし、文明のこうした両義的把握は、スミスの独創とできるかどうかは微妙である。おそらく著作で判断する限り、スミス以前にこの問題を鋭く指摘し、激しい文明批判を展開したのは、ルソーであっ

＊**疎外（Alienation）** 疎外の概念を援用して資本主義批判を展開したのは初期マルクスであるが、概念としての疎外はすでにルソーが使ったとされている。文明の発展は本来の人間らしい生活を失わせるというルソーの分析は、さらにシヴィック・ヒューマニズムに先駆形態をもっている。スミスの「意図せざる結果」の概念は、結果が良い場合に使われているが、一般化すれば、歴史＝人間行動の疎外論的分析ともなる。

た。そしてスミスは文明の弊害への着眼をルソーの文明批判からも学んだ可能性がある。スミスにおけるルソー問題は、内田義彦の解釈以来、通説が形成されているが[3]、商業文明へのアンビヴァレントな評価はスミスのものでもあった。

さらにまた安楽な生活によって文明社会では人びとは次第に武勇の精神や積極的な公共精神を失っていく。したがって、その対策として民兵制度を顧みるべきであるとスミスは言う。スミスは常備軍を否定して民兵（国民）軍を採用せよというのではなく、常備軍を補完するものとして民兵軍は有益であるとしている。その理由は、常備軍の規模を最小に押さえることができるということ、また国民の公共精神を活性化して維持することに寄与することを可能にすることである。

この主張はかならずしも目立った形で主張されなかったために、文明が発展した社会では、分業の原理ゆえに常備軍が適しており、しかも火器の発明以来、規律の確立した常備軍にまさる軍隊はないという主張だけが注目されて、民兵運動の熱心なリーダーであったA・カーライルの誤解を引き起こすということにもなったのであるが、これはポーカー・クラブの要求と基本的に対立するものではない。『国富論』においても、スミスはシヴィック・ヒューマニズムが提起していた公共精神の問題にシヴィック・ヒューマニズムよりの解答を与えたということができよう。

このようにスミスの商業社会論は、アンビヴァレントな一面をもっている。しかし、スミスは初めて文明社会の経済構造を明確に把握することに成功し、基本的に商業社会を積極的に評価した。スミスが指摘した商業文明の消極的側面は副次的なものと理解されていた。ルソーやファーガスンに比べると、スミスの商業文明評価が、よりポジティヴなものであったことは否定できないように思われる。

1　とりわけ『小林昇経済学史著作集I　国富論研究（1）』（未來社、一九七六年）を参照。
2　D・ステュアート〔福鎌忠恕訳〕『アダム・スミスの生涯と著作』（御茶の水書房、一九八四年）七八頁。

3　租税と公債の政治学

◆歳入論◆

スミスの歳入論（国家収入論）が、レント税と奢侈品への課税を重視するものであることはよく知られている。一八世紀には土地・家屋などに課税するか、商取引に関税を課すかといったことが通常の課税策であった。国家経費は、いまと比べると小さな規模であったが、家産制国家とは違って、近代国家は国家経費を国民から調達することが原則であって、したがって、節税も重要であった。「税というものは、それを納める人にとっては、奴隷の印ではなくて、むしろ自由のしるしなのである」（『国富論Ⅲ』二七五頁）というスミスの発言は、近代国家の税の本質をよくものがたっている。

スミスは賃料（レント）への課税、利潤（資本）への課税、労賃への課税、各種収入にたいする無差別な課税に区分して検討している。

スミスはまず**租税四原則***を述べる。第一に、「すべての国家の臣民は、その政府を維持するために、各人それぞれの担税力にできるだけ比例して……醸出すべきである」（同二二〇頁）。

第二に、「各個人が支払わされる税金は、確定的でなければならず、恣意的であってはならない」（同二二一頁）。

第三に、「すべての租税は、納税者が支払うのにもっとも都合のよさそうな時期に、また方法で、徴収すべきである」（同二二二頁）。

第四に、「すべて租税は、国民のポケットから取り立てるにせよ、また収入がポケットに入らぬよう

3　内田義彦『経済学の生誕』（未來社、一九五三年）七八〜九五頁、拙著『スコットランド啓蒙思想史研究』（名古屋大学出版会、一九九一年）第六章を参照。

＊**租税四原則**　公平、明確、便宜、節約からなるスミスの原則論は近代租税論の基礎となっている。またスミスの租税論を根拠論としてみると、利益説と能力論の二つをともにそなえたものである。

にしてしまうにせよ、それらの分と、国庫に入る分との差が、できるだけ小さくなるように工夫すべきである」（同）。これに反する場合について、スミスは、四点を指摘している。①多数の徴税官が租税収入の大半を食ってしまい、そのために国民に余分の課税がされる場合、②租税が国民の勤労意欲を妨げ、多くの就業を挫く場合、③無分別な課税の場合、租税を免れようとして失敗した不幸な人に、没収などの罰を加えて没落させ、彼らの資本の運用がもたらしたはずの便益を絶つことがある、④徴税人が頻繁に臨検に来て、国民が無用の手数、迷惑、圧制をこうむる場合である。スミスは、指摘されているように、ケイムズの課税原則を参考にした可能性がある。

スミスは、各時代、各国でおこなわれた税制をサーベイして、コメントを加えているが、スミスの視点は、勤労を維持し、さらには増加させるような税制、したがって資本蓄積を妨げない制度が望ましいというものであった。例えば、スミスはこう論じている。

「利子は、一見、土地の地代と同じように直接に課税できる物件であるように見える。地代と同様、利子は、資本の使用にともなういっさいの危険と労苦を完全に補填した後に残る純生産物」（同二五八頁）だからである。しかし、土地の広さと価値は評価できるが、資本ストックの総額は秘密であり、変動しがちであり、確かめられない。資本はまた移動可能でもある。「資本の所有者は、まさしく世界市民なのであって、かならずしも、ある特定の一国にしがみついてはいない。かれは、背負いきれないような重税をかけられるためにやっかいな取調べにさらされる国を捨てて、ほかへ行こうと思いがちであり、もっと気楽に事業を営むなり財産を享受するなりできるような、どこかほかの国へ資本を移動させるだろう。かれが資本を移せば、かれが去った国で、それまでかれの資本が維持してきた産業は、すべて停止してしまうだろう。土地を耕すのは資本であり、労働を雇うのも資本である。一国から資本を追い出してしまう傾向のある税は、主権者にとっても社会にとってもいっさいの収入の源泉であるものを、それだけ枯渇させる傾向をもつものである」（同二五七～六〇頁）。

◆公債の政治学◆

『国富論』の最後をしめくくるのは公債論である。公債（写真5）は、一六九四年のイングランド銀行の設立を画期として、政府によって戦費調達などの必要のために頻繁に発行されるようになって以来、イングランドで激しい論争を引き起こしてきたイシューである。

公債累積は、すでにウォルポール政権下で、激しい論争を引き起こした。カントリ派は公債を野放図に発行して急場を凌ぐコート（政権派）の政策を腐敗として激しく非難した。[1] スミスの先輩、ヒュームは『政治論集』の「国家信用（公債）について」において、現下の公債累積を憂えて、国家信用の自然死の可能性と暴力死の可能性まで論じていた。急進派のプライスも減債基金の充実によって、財政赤字を解消すべきことを説いた。

「わが国の国内経営のうえで商工業に与える影響と、わが国の対外交渉のうえで戦争と交渉とに及ぼす影響との点で、公債がもたらす結果」（D・ヒューム『政治経済論集』（御茶の水書房、一九八三年）一一二頁）を検討したヒュームは、それは商人にとって貨幣の役割を果たすこと、より低い利潤で商業を可能にし、利子率を引き下げることによって、いっそう商工業を発展させるという利点を指摘するとともに、それをはるかに上回る害悪があることを指摘した。

第一に、国債は人口と富の首都への巨大な集中を引き起こす。第二に、国債は紙券信用だから、金銀を最重要な商業から一般の流通へ駆逐し、食料品と労働を高価にする。第三に、公債の利払いのための課税は、労働の価格を騰貴させるか、貧民階層への圧迫になる。第四に、外国人の保有が大きいとき、わが国を彼らの属国にし、わが国民と産業活動の移転を引き起こすかもしれない。第五に、公債所有者の大部分は怠惰な国民であり、したがって無益な非活動的生活を助長する。

しかし、以上にもまして重大なことに、税収を抵当に入れて公債を発行するという慣行を続けていけば、国家信用の破滅か、国民の破滅かになるであろう、とヒュームは言う。「現在の内閣も将来のすべての内閣も、わが国の公債の支払いにおいて格段の進歩を示すほど厳格で着実な節約を懸命におこなうであろうとか、あるいは国際情勢が長期間このような政策を実行する余裕と平静とを許してくれるであろうとかいうのは、最も楽天的な空想力をもってしても望みえない」（ヒューム・同一二一頁）。しかし「国家信用が壊れるのは、戦争、敗北、公共の災害の、あるいはそれどころか、ことによると勝利や征服の必然的な結果であるということは、もっとありそうなことである」（ヒューム・同一二四頁）。

ヒュームはヨーロッパの勢力均衡が未だ不安定なときに、このような考察をおこなった。スミスは英仏七年戦争が終結し、広大な北アメリカ植民地が大ブリテンの領土になった事実を前提にして国際関係を考察することができた。しかし、そのスミスにとって最大の問題として立ち現れたのは、アメリカ植民地の反逆であった。アメリカ問題へのスミスの見解についてはすでにふれた通りである。スミスは、現下の争いの結果、公債累積が極限に達しており、もはやアメリカの分離独立が唯一残された道であると結論した。

写真５　公債発行の様子

スミスは、おそらくはヒュームの公債論も踏まえて、公債の歴史を辿っている。わが国の膨大な国家債務の累積を念頭において読者は是非、『国富論』第五編第三章を一読されたい。スミスの大ブリテン公債史の叙述に照らして、わが国の赤字財政の肥大が示すもの、すなわち官僚と政治家が公共の利益の名のもとに、私欲絡みで、いかに無駄に税金を使ってきたかを考えてみることは有益であろう。

「大ブリテンの支配者たちは、過去一世紀以上ものあいだ、われわれは大西洋のかなたに一大帝国をもっているのだ、という想像で、国民をいい気持にさせてきた。しかしながら、この帝国なるものは、いまにいたるまで、ただ想像のうちのしか存在しないものであった。いまにいたるまで、それは、帝国そのものではなしに、帝国の企画だった。金鉱ではなしに、金鉱発見の企画でしかなかった。しかも、その企画たるや、およそ利益などをもたらしそうないのに、莫大な経費がかかったし、かかり続けているし、そして、これまでどおりのやり方を追い続けるかぎり、今後もかかりそうなしろものなのである。なぜなら、植民地貿易独占の結果は、すでに明らかにしたとおり、国民の大多数にとって、利益どころか、もっぱら損失のみだったからである」。

こう述べて、スミスは続ける。「いまこそ、わが支配者たちは、国民ばかりか、どうやらみずからもふけってきたこの黄金の夢を実現してみせるか、それができないなら、率先この夢から醒め、国民を覚醒させるように努めるかすべき秋である。計画を完遂できないのなら、計画そのものを捨てよ。そして、もし大英帝国のどの領土にせよ、帝国全体を支えるために貢献させられないというのなら、いまこそ大ブリテンは、戦時にこれらの領土を防衛する経費、平時にその政治的・軍事的施設を維持する経費からみずからを解放し、未来への展望と構図とを、その国情の真にあるべき中庸に合致させるように努めるべき秋なのである」（同四三八～九頁）。

スミスの主張は明らかであろう。植民地帝国は断念せよ。野望と驕りを捨てて、アメリカの独立を認め、こうして植民地防衛費や軍事費を削減し、財政を建て直し、無理のない長期的展望をもてるようにすべきだというのである。

1　舟場正富『イギリス公信用史の研究』（未來社、一九七一年）、大倉正雄『イギリス財政思想史』（日本経済評論社、二〇〇〇年）参照。

第8章 公正な判断を求めて

——『道徳感情論』の改訂と新たなスミス問題

1 『道徳感情論』再論

第3章で見たように、ヨーロッパの古代と近代の学問的蓄積と、現実の様々な人間と社会についての執拗な比較研究と広く深い洞察を基礎に、青年スミスが最初の著書『道徳感情の理論』を刊行したのは一七五九年、三六歳の時であった。グラスゴウ大学での道徳哲学講義の一部門をなす倫理学講義から生まれた本書は、深く独創的な思索を盛り込んでいた。『道徳感情論』は刊行当時から世紀の終わり頃まではよく読まれ、生前に第六版まで出ている。フランス語訳はコンドルセ夫人の訳が有名であるが、実は多くのひとが競って翻訳を試みたことからも推察できるように、フランスではかなり読まれた[1]し、ドイツでも古典哲学者たちの間で読まれている。

しかし、『国富論』と異なり、『道徳感情論』は、ブルジョア精神と功利主義が時代精神となり、資本主義が社会を圧倒的に支配した一九世紀にはあまり読まれず、むしろ疎んじられたが、現代になって、とりわけ第二次大戦後に復権を遂げ、広く関心を集めるようになった書物である。

その構成と内容の骨格は**第3章**でみたが、簡単に繰り返してみれば、青年スミスの道徳理論の論旨は次のようであった。

スミスは、あるひとの感情や行為が道徳的是認を得られるかどうかは、傍観者（spectator）の同感（sympathy）が得られるかどうかにかかっているとする。すなわち、あるひとの感情や行為が適切かどうかは、他人の感情が是認するか否認するかによって決まるのである。人間は想像力の作用によって自然と観察対象（他人）の感情を感じ取ることができる。人間は自分の感情や行為の道徳性を自分で直接に判定することはできない。人間は自己中心的に造られているから、客観的な判断・評価は他人の目を通して初めて可能となるというのである。このようにスミスは道徳性、道徳的判断を他人の評価に依存する、社会的なものとしてとらえる。

スミスは同感の概念をさらに掘り下げ、想像上の立場の交換（Imaginary Change of Situation）という論理を導いて強固なものにしようと努めるが、しかしながら、この同感には人間の自己中心性という限界がある。

「人間は生まれつき同感的（sympathetic）であるとはいえ、他人にふりかかった事柄にたいして、その主要当事者が自然とかきたてられる感情と同じ程度の感情を抱くことは決してない。人間の同感の基礎である想像上の立場の交換は、瞬間的なものにすぎない。自分自身は安全だという思い、自分は実際には受難者でないのだという考えが、絶えず邪魔をするのである」（『感情論』二七頁）。

しかしながら、このような同感の限界があっても、それで不都合はないとスミスは考える。むしろ、観察者が当事者と同じレヴェルの感情にならないから、冷静な判断ができ、結果として社会秩序が維持できるのである。

スミスによれば、想像力と同感に導かれて、人間の徳性が生まれる。「自然は傍観者に主要当事者の事情を自分の事情と想定するように教えるが、同様に自然は、主要当事者にたいして、観察者たちの事情をある程度自分のものと想定するように教える」（同二八頁）。そして「この二つの異なる努力、すなわち、主要当事者の感情に入りこもうとする観察者の努力と、自己の感情を観察者がついていけるものまで引き下げようとする主要当事者の努力とのうえに、二つの違った組の徳（virtues）が基礎づけられる。優しく、穏やかで、愛すべき諸徳性、率直な謙遜と寛容な人間愛（humanity）は前者に基礎づけられる。偉大で、畏怖すべく、尊敬すべき諸徳性、自己否定、自己規制、われわれの本性のすべての動きを、自らの尊敬と名誉および自らの行動の適宜性（propriety）が求めるところに従属させようとする情念規制の諸徳性は、後者に起因する」（同三〇頁）。

自己の感情を押さえる力と同胞愛という、方向を異にする二種類の徳は、徳が卓越であるかぎりは、その程度が大きければ大きいほどよいということになるであろう。しかし、スミスの力点は卓越にはない。スミスは道徳的卓越を普通の人間に求めているわけではないのである。

写真1　街の社交の模様

行為者が自分を社会のなかに位置づけ、社会的承認を得られるように行為することは、そのように行為しない人間も存在するから、本能的に決定されているのではなく、経験を通して学習することによってはじめて可能になるのだとスミスは考える。社会のなかに生まれ、社会のなかで育つ人間が、道徳的に妥当な行為をおこないうる主体になるのは、他人の評価に直面し、他人の是認と否認を繰り返し経験することによって、また逆に他人を評価する経験を繰り返すことによって、次第に行為の基準と評価の仕方を理解し習得するからに他ならない。社会的交際（写真1）のなかで、行為者は観察者を理

写真2　ハイランド地方のダンスの集い

解しようと努力し、観察者は行為者を理解しようと努力するのである。

けれども、「多くの場合、最も完全な適宜性にかなって行為するには、人類のうち最も無価値なものでさえもっている、普通の日常的な程度の感受性あるいは自己規制しか必要でない」（同三三頁）。「ひとは、富と名誉と地位を目指す競争において、全競争相手を追い抜くために、できる限り力走してよいし、あらゆる神経、あらゆる筋肉を最高に使ってよい。しかし競争相手の誰かを押し退けるか、投げ倒すかすれば、観察者たちの寛大さはすべて消える。それはフェア・プレイの侵犯であって観察者の許し得ないことである」（同一三一頁）。

このように、行為の適宜性とはフェア・プレイに撤することであり、それが正義である。スミスの力点はここにある。普通の人間が普通の程度の自己規制をすれば、フェア・プレイを貫くことができ、したがって完全な適宜性で行為できるのだというこの主張に、スミスの穏健で寛大な人間への信頼が示されている。正義はいかなる社会にとっても必要条件であり、社会存立にとっては必要十分条件だということになる。

「相互の愛情と愛着がないにしても、その社会は幸福さと快適さは劣るけれども、必然的に解体することはないだろう……社会は、互いに害を与えようと待ち構えている人々の間では存立できない。だから慈恵（beneficience）は正義ほど社会の存立にとって不可欠ではない」（同一三四頁）。

スミスは正義は社会の大黒柱であり、文法の規則のようなものだと説明している。しかし、最後の引用文は、社会になにを求めるかによって、正義があれば十分とは必ずしも言えない、という主張として読むことができる。人びとが快適な社会を求めるとき、正義は必要条件であり続けるが、慈恵もまた必要となる。スミスは社会が存立しさえすればよいと考えていたとは思われない。快適な社会を望ましいと考えていたと思われる以上、スミスが慈恵を評価したことは否定できないであろう。

以上が『道徳感情論』におけるスミスの基礎理論である。要するに、人間が道徳的存在でありうるためには、ほんの少し努力すればよいだけだというのが、スミスの基本的な主張であった。しかしまた、幸福な社会になるためには慈恵が必要であるというのも、スミスに明確に存在する思想であった。これが一七五九年段階の青年スミスの道徳理論であった。

1 安藤隆穂『フランス啓蒙思想の展開』(名古屋大学出版会、一九八九年)一四〇頁。

2 『道徳感情論』の改訂

このような『道徳感情論』は版を重ねるにつれて増補・改訂されていく。すなわち第二版でかなり改訂され、また第三版では「言語起源論」が追加され、第四版の改訂は解説的な副題を付けた程度だから、実質的な改訂ではないけれども、第六版では大幅な改訂がなされた。

すなわち、一七九〇年の『道徳感情論』第六版では、それまでにない強いトーンをもった、次のような文章が加えられた。「わたしたちは自分自身の性格と行動の中立的な観察者にならなければならない。……最も賢明な自然の創造者は……同胞の感情と判断を尊重することを人間に教え、同胞がかれの行動を是認するときは多かれ少なかれ喜びを感じ、否認するときは傷つくことを教えておいたのである。自然の創造者は、人間を

写真3　地主階級のレジャー風景

写真４　上流階級の社交の様子（ローランドソン作《バースの快楽・社交会館》1798年）。

……人類の直接の裁判官にした……しかし……人間は第一審においてのみ裁判官たらしめられたのであって、かれの判決にたいしては、遥かに高い裁判へ、彼ら自身の良心へ、想像上の公平で事情に通じた観察者（the supposed impartial and well-informed spectator）へ、かれらの行動の偉大な裁判官であり裁決者たる胸中の人（the man in the breast）への控訴が成り立つ……」（『感情論』一九五〜六頁）。

　これは個人と他人の抜き差しならない対立が発生する場合の分析に他ならない。個人の見解と世論の対立もスミスの念頭にあったであろうし、また実際に訴訟における誤審や冤罪もスミスの視野に入っている。人間はすべからく「中立的な観察者（impartial spectator）」になるべく努力しなければならないという発言は、もはや穏健な発言ではない。むしろ、強い勧告というニュアンスを感じさせるものである。

　スミスはまた道徳感情の腐敗を弾劾する文章も加えた。「富者や有力者を称賛し、ほとんど崇拝し、そして貧しく卑しい境遇にある人々を軽蔑し、すくなくとも無視するというこの性向は、諸身分の区別と社会の秩序を確立するのにも維持するのにも、ともに必要であるとはいえ、同時にわれわれの道徳感情の腐敗の、大きなそしてもっとも普遍的な原因である。」（同九五頁）

　ここに表明された思想は一見すると古臭いと思われるであろう。富者や有力者を尊敬し、貧者や下層民を軽蔑する感情（縦の価値観）は、社会秩序にとって必要であるとスミスは認める反面で、そこに同時に道徳感情の腐敗を認めている。スミスの時代のスコットランドもイングランドも身分制社会であった。商業社会の構成員としては平等であるというスミスの分析（横の価値観）には、もちろん新しさがあるが、スミスのアプローチは多面的であって、その分析は社会秩序が身分制的、階層的であることを否定するものではない。しかし、わたしたちは、この縦の価値観に人間の道徳感情に腐敗を引き起こす源泉をみるスミスの分析にやはり注目すべきであろう。

富者に対する阿り、権力者への崇拝という、人びとがしばしばくりひろげる行動に、批判精神なき道徳感情の腐敗をみる分析は鋭い。確かに立派なものを立派だと評価することも大切であろう。しかし、ただ地位が高いというだけで、その人物の真価を不問にして、追随する奴隷根性をスミスは批判しているのである。

また人間はそう見えるだけではなく、真に報償に値する存在になるべきである、という積極的な実践倫理を推奨する思想も登場する。この間に、倫理的価値に関するスミスの評価に変化がなかったとするのは、こうした加筆、改訂がある以上無理であろう。

スミスが改訂を行った理由として、第一に、とりわけ初版の反響と初版への批判に応えるため、第二に、自ら気づいた欠点の改善、第三に、経験の蓄積により思想が変化する場合も考えうる。一般的に言って、三〇代の青年がいかに優れた洞察力をもっているとしても、経験を積んで六〇歳を越える老人となったとき、社会や道徳的価値についての見解は多かれ少なかれ変化しているのが通常で、まったく同じ見解をもち続けるということは、むしろ希有なことではないだろうか。

二版の改訂は最初の部類であって、ヒュームとリードの批判が知られている。しかし、第六版の改訂は、内容的にも時期的にも、その種の理由ではなくて、第一にスミスの経験と観察の深化、第二に文明社会の爛熟による腐敗現象の昂進、そして世論と良心の対立するケースについての思索の深化ということに関わっているように思われる。

一七五九年から九〇年までの三〇年間は短くない。その間にスミスは経験を積み視野もいっそう広くなり、思想の発展ないし成熟、あるいは変容もあったであろう。

またこの三〇年間には、多くの出来事があった。一七六二年にはアンシャン・レジームのフランスはラングドック州のトゥルーズで、新教徒ジャン・カラスがカトリックに改宗しようとしていた息子を虐殺したとされて処刑されるという有名な**カラス事件***が起こった。冤罪を確信したヴォルテールが再審裁判に訴え、カラスの無罪を勝ちとるということになる。フランス滞在中にアダム・スミスはフェルネーの館にヴォルテールを訪ねた。ヴォルテールはスミスがもっとも尊敬していたフランス人だったといわれる。「理性はかれに測り知れない恩義を負っています。かれがあらゆる宗派の狂信者や異端者にあびせかけた嘲笑と皮肉によって、人間の悟性は真理の光を直視することができるようになり、このおかげで、人々は、すべて理知的な精神が渇仰すべき探究に向ったのです。いまでは、ほんの少数者にしか読まれていない真面目くさった哲学者にくらべると、かれは、人類のため、はるかに多くの貢献をしました。ヴォルテールの著作は全人類のために書かれており、全人類が読んでおります。」[1]

信教の自由のなかった当時のフランスでは、信仰に絡んで、いくつもの事件が起こった。とりわけ、トゥルーズは新教徒の比較的多い土地であり、そこでプロテスタントが次々と犠牲になる事件が起こったのであるが、その理由は、貧困と不安に苦しむ市民の鬱屈した感情が異分子に向けられ、プロテスタントが格好のスケープ・ゴートにされたからであると解される。[2] スミスは『道徳感情論』第六版でカラス事件に言及している。

ルソーの『社会契約論』と『エミール』が出版されたのも六二年のことであったが、ルソーはその特異な個性ゆえにフランスの啓蒙哲学者たちから孤立するにいたる。天才ルソーに支援の手を差し伸べた賢者ヒュームも、やがてルソーと不和になってしまう。

一七五七年に始まっていた英仏七年戦争は、六三年まで続いて終決した。この間、防衛に手薄になった大ブリテンを守るために民兵制度が導入されるが、スコットランドは除外されたために、一七六二年にポーカー（火かき棒）・クラブ（七〇頁参照）が結成され、スコットランドに民兵運動が展開した。そのリーダーはファーガスンたち、スコットランド教会のモデレート知識人たちであったが、スミスも会員であった。

＊カラス事件　一七六二年、トゥルーズに住む少数派のカルヴァン派新教徒の商人ジャン・カラスが、長男の死に際して、宗教的偏見から無実の罪を着せられて車裂き火刑に処せられた。ヴォルテールは百科全書派らと共に、処刑者側の狂信を非難し、再審請求運動を展開し、六五年に無罪が確定した。スミスはこの時期にトゥルーズに滞在していた。この事件は、良心と世論の対立という点に関して、スミスに深い影響を与え、『道徳感情論』第六版で触れられることになる。

＊ウィルクス事件　ウィルクスは『ノース・ブリトン』で、七年戦争の講和条約を賞賛したジョージⅢ世の議会開会演説を批判した。ウィルクスは一般逮捕状によって逮捕されたが、庶民院議員の特権によってまもなく釈放され、後に一般逮捕状も違法とされた。その後、政府が反撃に出て、庶民院による除名と再選を繰り返す中、グレンヴィル内閣の強硬姿勢に危機感を抱いた民衆は「ウィルクスと自由」をスローガンに院外運動を展開し、腐敗選挙区の廃止など広範な議会改革を要求していった。

＊経済改革　植民地戦争の長期

化や国家財政の悪化のなか、一七七九年から八〇年にかけて、ヨークシャー運動など行政の効率化と経費節減を求める議会外運動が展開された。野党のロッキンガム派は、冗費や不適格年金の廃止案や、王室費の改革を求める行政機構法案などを提出した。これらは経済改革とよばれるが、内実は行財政改革、さらにそれによって国王の影響力から議会の独立を守るための政治改革まで含むものであった。この経済改革にはロッキンガム派ウィッグのバークが主導的な役割を果たした。

写真5　「ウィルクスと自由」運動の様子

パリ講和条約を締結した大ブリテン側の首相は、スコットランド出身の**ビュート卿**であったが、講和条約がフランスに若干譲歩する内容であったために、ロンドンでは反スコットランド人キャンペーンが巻き起こった。それが、この年のウィルクスによる国王とビュート卿への非難（『ノース・ブリトン四五号』）に始まる一般的逮捕状事件と相まって、やがて「ウィルクスと自由」（写真5）を叫ぶ民衆の運動へ、さらには議会改革運動へと展開していった[3]（**ウィルクス事件***）。

また同じ頃から印紙条令に始まるアメリカ植民地課税問題が波乱ぶくみの展開を開始した。六四年にはスミスはグラスゴウ大学の教授職を辞任し、バックルー公爵の子息と大陸に渡った。フランスではヒュームの手引きで、サロンの人となり、またケネーやチュルゴに会う一方、先に述べたようにカラス事件で活躍したヴォルテールを訪ねている。

一七六七年には同郷人、サー・ジェイムズ・ステュアートの大著『経済の原理』とファーガスンの『市民社会史論』が出版された。後者はヒュームの心配をよそに成功をおさめた。一七六九年には再びウィルクスに絡んだミドルセックス選挙事件が起こる。一七七〇年代に入るとアメリカ問題がいよいよ軍事対立にまで発展し、大ブリテンの最大の問題となる。アメリカ問題は院内外で激しい論争の主題となり、それとの関連もあって、大ブリテンの議会改革運動も盛り上がってくる。ロッキンガム派の議員であったバークの**経済改革***論もこの時期に展開されている。バークはアメリカ問題では和解派であったが、ヒュームの論争相手でもあったタッカーは、アメリカの放棄を提唱していた。

そして一七七六年には『国富論』が出版されるとともに、アメリカ植

ビュート卿　Bute, 3rd Earl of
1713-1792

ジョージⅢ世の教育係として信任を得，その即位後，国務大臣（61年）となる。大ピットを辞任に追い込み，自ら内閣を組織し（62年），20年代から続いていたウィッグ優越体制を終わらせた。ピットに比して国民に不人気で，ウィルクスが『ノース・ブリトン』でビュート攻撃をおこなった。英仏七年戦争を終結させたパリ条約が，有利な内容にも関わらず民衆の支持を得られず，スコットランド人であったため反スコットランド感情を助長した。

写真6「ブリテンが一番？フランスが一番？」（ブリテンの自由とフランスの自由を比較して，それぞれを「幸福」と「悲惨」に結びつけている）

民地は独立を宣言する。郷里の先輩であるヒュームが他界したのもこの年である。スミスはヒュームの『自伝』の出版に、自らのストラーンへの手紙を添えて、協力した。[4]また急進主義者の政治的パンフレット、プライスの『市民的自由』やペインの『コモン・センス』が出版され、大量に流布したのもこの年である。ギボンの『ローマ帝国衰亡史』も、ベンサムの『統治論断片』もこの年に刊行された。

八〇年代のスミスはエディンバラにあるスコットランドの税関の閑職に就任し、政治家に助言をしたり、著作の改訂をしたりする。八九年にはフランス革命が始まり、革命は大ブリテンにも激しい賛否の運動をかきたてることになる（写真6）。スミスの愛弟子のミラーはフランス革命を支持していた。

こうした激動の三〇年間に、スミスも経験を積み、認識は広くなるとともに、深化された。新しい学問体系としての経済学が樹立され、社会把握が格段に進んだ。こうした事情が、『道徳感情論』の改訂に影響を与えなかったはずがないのである。富者と権力者におもねる人間の「道徳感情の腐敗」を強く批判する老スミスの声は、ブルジョア・イデオローグの明るい平明な声ではまったくない。老スミスは人間精神の堕落を憂慮するモラリストであった。

『道徳感情論』が現代の研究者の関心を強く惹きつけるようになったひとつの理由は、『国富論』の道徳的背景、経済人の社会感情についてのスミスの見解を改めて考え直そうということにあった。とりわけ「同感」の概念は、ファッシズムと人間不信を経験した現代において、顧みる価値のあるものであった。論理だけで人と人のコミュニケーションが十分におこなえるわけではないであろう。人間への信頼をどうして再建すればよいのか。平和な友好的態度を生み出すポテンシャルをもった人間の能力、攻撃的衝動を制御できるポテンシャルをもった理性と感情に手がかりを求めることができないとすれば、道は存在しないであろう。

写真７　1793年の庶民院

けれども「同感」が富者や権力者への羨望、憧れにとどまらず、おもねり（阿り）に堕するとすれば、改めて「同感」の概念を鍛えなおす必要があるだろう。八〇年代以後のスミスは文明社会の安逸のなかで感性を鈍らせるとともに腐らせつつあった時代精神に対して、対決していたように思われる。

このような関心のもと、『国富論』の修正と『道徳感情論』の改訂、および時代背景の諸コンテクストのありうべき相互の複雑な関連を、少しずつ解きほぐし、読み取り、そうすることによって、スミスの思想的発展を克明に跡付け、より深く理解し、解明する研究が、過去二〇年程の間に飛躍的に進んだと言ってよいであろう。その詳細は専門的文献に委ねることにしよう。

1　Rae, *Life of Adam Smith*, p. 190. レー『アダム・スミス伝』（大内兵衛・節子訳）（岩波書店、一九七二年）二三五～六頁。

2　ヴォルテール『カラス事件』（中川信訳）（富山房百科文庫、一九七八年）。

3　岩間正光『イギリス議会改革の史的研究』（御茶の水書房、一九六六年）を参照。

4　田中真晴「ヒュームの死とスミス」『ウェーバー研究の諸論点』（未來社、二〇〇一年）所収を参照。

第9章 スミスにおける哲学・文学・歴史

——『修辞学・文学講義』と『哲学論文集』をめぐって

スミスには、これまでに取り上げた著作の他に、『修辞学・文学講義』と『哲学論文集』(一七九五年)がある。改めて述べるまでもなく、スミスの学識は文学、哲学にまで、広汎に及ぶだけでなく、それぞれの分野においてスミスはきわめて透徹した認識をもっていた。

『修辞学・文学講義』はスミスがグラスゴウ大学でおこなった講義であるが、学生が筆記して残した講義ノートとして見つかったものなので、『法学講義』と同じように、テクストとして問題が残されている。つまり、完成度に問題があるだけでなく、スミスが自ら出版しようとしたものでないという問題である。けれども、それは学問論としてきわめて興味深い内容のものである。それはおおよそスミスの四〇歳前後の知識を示すものである。

『哲学論文集』には初期の著作である「天文学史」、「外部感覚論」、「模倣芸術論」などの論説が収録されている。小品であるとはいえ、いずれもスミスらしい独創的で透徹した議論を展開しており、優れた論考となっている。こちらは、スミスが遺言で出版する価値があるとしたもので、遺言にしたがって、一七九五年に執行人——**ブラック**と**ハットン**という高名な化学者と医者——の手で出版されたのである。

スミスはおそらく相当の量を成していたであろうと推察される草稿を、出版の価値がないとして、遺言によって焼却させた。しかしながら、スミスの本意ではなかっただろうが、二種類の講義ノートが残った。わたしたちにとっては、さもなければまったく知られなかった幻の著作の一部分が未完成の形で存在することは、スミスの思想に迫るための貴重な手がかりなのである。
そこで、まず『哲学論文集』の内容を順に少し見てみることにしよう。

1 「天文学史」

◆驚異、驚愕、驚嘆 (Wonder, Surprise, Admiration)◆

「驚異、驚愕、驚嘆は、しばしば混同されるけれども、……相互に区別される、諸感情を示す語である。新奇で珍しいことは、厳密な適切さをもって驚異と呼ばれる感情を喚起する。意外なことが驚愕を、壮大なこと、または美しいことが驚嘆を喚起する」(『哲学』六頁)。

スミスは、この三種の感情の性質と原因を考察することが、この論文の意図だという。いささか意外でもあるが、興味深いことに、スミスの着眼は、天文学の歴史自体ではなく、感情にある。人間感情との関連

ブラック Black, Joseph 1728-99

グラスゴウ大学におけるスミスの同僚（医学教授，1756-66年）であり，後にエディンバラ大学医学・化学教授になった。潜熱や炭酸ガスの苛性化の研究で有名。グラスゴウ大学時代には，蒸気機関で有名なジェイムズ・ワットとも親交を結び，スミスやヒュームなどとも交流を持った。ヒュームの主治医として，その死をスミスに伝え，後にハットンとともにスミスの親友として遺言執行人となり，スミスの遺稿を『哲学論文集』として出版した。

ハットン Hutton, James 1726-97

地質学者。自然の斉一過程原理を提示し，火成論を唱えた。堆積岩を貫く花崗岩の岩脈を発見し，花崗岩は堆積岩でないことを証明したり，海岸で不整合の露頭を発見したりするなど多くの業績を上げた。また農業改良家としても有名であった。菜食家のブラック，禁酒家のハットン，砂糖の塊が好きなスミスの三人が中心となって作った文学クラブはオイスター・クラブと名づけられた（アダム・スミス・クラブとも呼ばれている）。

で学問を考察すること、これがスミスの優れた着眼である。感情抜きの歴史、学問史はありえないというのがスミスの視点であるから、スミスに即して考えれば、これは、実は意外でも何でもないのである。

スミスはまず、意外性、予期せざることの効果である驚愕——驚き（surprise）——から考察をはじめる。「どんな種類の情動でも、精神を突然おそう時に、それが精神にもたらす激しい突然の変化が、驚愕の全本性を構成する」（同一〇頁）。精神が悲嘆に沈んでいるときに歓喜がもたらす驚愕と、逆に歓喜に揚々としているときの悲嘆の驚愕が最大である。「対照的な諸感情の対抗」が鮮烈さを高めるように、「連続する諸感情の類似」は、不鮮明となる。習慣と慣習は感情の鮮烈さを削減する効果をもつ。「習慣とある事物のたびたびの反復は、ついには精神と感官を、さほど激しい変化を経ずにその印象を受け入れることができるような習慣的気分と性向にさせるからである」（同一四頁）。

スミスによれば、精神は「異なる諸対象のあいだに発見されうる類似」を観察することを好むものである。観察によって精神はすべての観念を配列し、組織化して、正しい種類と種目におさめようとする。こうして「獣、鳥、魚、昆虫という自力運動能力の備わったすべてのものは、動物という一般的名称のもとに分類される。」抽象的一般的名称が、このようにして生まれる。

人間はなにかに出会うとそれを類似した種に帰属させようとする。しかし「新奇な珍しいもの」は類別できない。そのとき「驚異」——不思議（wonder）——という感情が生まれる。

◆想像力◆

二つの対象が常に連続して現われることが観察されると、人間の想像力のなかでその二つは結合され、一方の観念は他方の観念を自動的に生み出す。これが**観念連合***であって、それがいったん強固に確立されれば、何ら努力を必要としなくなる。しかし、想像力が慣れているのと異なる順序で対象が現われると、新奇な現象の意外性に驚愕し、どうしてそんなことが起こったか不思議に思う。こうした場合、人

＊**観念連合**　スミスも援用している観念連合は、複雑な心理現象は感覚に由来する単純な要素から成り立っていて、それが形成されるメカニズムは、時間・空間における単純な要素の類似または反復による、という了解に基礎を置く。観念連合はアリストテレス、ホッブズ、ロックなど多くの思想家が言及しているが、それを連合心理学に体系化したのはハートリであった。スミスは観念連合の概念をヒュームから学んだ可能性もあるが、ハートリの主著『人間論』（一七四九年）を蔵書に持っており、ハートリから学んだ可能性も大きい。観念連合の思想は認識論、心理学、進歩の思想において重要な役割を果たしている。観念連合の理論は、プリーストリ、ペイリー、ベンサム、ミル父子、ダーウィン、スペンサー、さらにはフロイト、アメリカのプラグマティズムなどによって、それぞれの学問において援用された。

間の精神はその飛躍を媒介する中間物をさがそうとする。

こうして、「中間的諸事象の鎖」を想定することが、想像力のなめらかな移行を可能にする唯一の橋となる。中間的諸事象という結合の鎖を発見すれば、驚異は消滅する。

このようなスミスの議論に「**存在の偉大な連鎖**」*というプラトン以来の思想的伝統をみることができるであろう。実際、「自然は飛躍せず」というアリストテレスの表現でしられるこの連続性の思想は、自然科学の発展を導く指導原理となってきた。それはいまや社会科学の指導原理ともなりつつあった。

「日食と月食は、かつては、天空の他の諸現象のすべてにまさって人類の恐怖と驚きを喚起したが、今ではもう驚異的なことではないように思われる。というのも、それらを事物の通常の経路に結びつける、結合の鎖が発見されているからである」(『哲学』一二一頁)。

「染色工、醸造工、蒸留工などの、ごく普通の職人のいる仕事場へわれわれが入ると、数多くの現象が、われわれにはひどく見知らぬ不思議な順序で現われるのがみとめられる。われわれの嗜好は、それに容易についていけない。われわれは、すべての二つの現象間に隔たりを感じ、それをうずめてそれらを連接するための中間的諸事象の鎖をもとめる。しかし、自分の技術の全操作の諸帰結に長年にわたってなじんでいるその職人自身は、そういう隔たりを感じない。それらは、慣習が、彼の想像力の自然の運動にしてしまったものに一致している。それらはもはや彼の驚異を喚起しない」(同一二三～一二四頁)。

「大半の人々には、完璧にうまく調子があっていて調和しているように聞こえる音にも、音楽家のいっそう優れた耳は、もっとも正確な拍子ともっとも完全な一致の不足をともに感じ取るが、それと同じように、その全生涯を自然の結合諸原理の研究についやしてきた哲学者のより実地訓練された思考は、より不注意な観察者には非常に緊密に連結されているようにみえる二つの対象間に、しばしば隔たりを感じるだろう」(同一二五頁)。

こうしてスミスは、哲学を次のように定義する。

＊ **存在の偉大な連鎖** ヨーロッパの様々な分野の思想に大きな影響を与えた、全ての事物を低いものから高いものへ連続的に位置付ける考え方。その源泉はプラトンまでさかのぼり、新プラトン主義によって理論として完成され、近代ではライプニッツなどに典型的に見出される。充足、連続、直線的上昇の観念によって特徴付けられる。元来は無時間的、静的秩序を表したものであったため、進化論の出現とともに影響力を失った。観念史家A・ラヴジョイが『存在の偉大な連鎖』(一九三六年)によって、この観念の発生、展開、消滅を跡付けた。

◆哲学と結合原理◆

「哲学は、自然の結合諸原理の科学である。自然は、通常の観察で習得しうる最大限の経験をもってしても、孤立していて先行するすべての事象と矛盾するように見える事象に、満ちているようにみえる。したがって、それらは、想像力の円滑な運動を妨げ、いわば、不規則な突発と爆発で、想像力の諸観念を継起させ、そのため、いくぶんか、われわれが前に述べた混乱と錯乱を導き入れる傾向がある。哲学は、これらすべてのばらばらな対象をいっしょにする見えない鎖を示すことによって、この不協和で支離滅裂な諸現象の混乱状態に、秩序を導入し、想像力のこの乱れをしずめ、そして、想像力が宇宙の大回転をながめる時には、それ自体でもっとも快適で想像力の本性にももっともふさわしい、平穏と落ち着きの調子を取り戻させようと努力する」(『哲学』二六頁)。

「それ故、哲学は想像力に語りかける学芸のひとつとみなされよう。そしてその理由から、哲学の理論と歴史は、適切に、われわれの主題の範囲内に含まれる。哲学をそもそもの起源から、それが到達していると現在考えられている完成の頂上まで……跡付けるよう努力しよう」(同)。

もちろん、ここに構想が語られているような壮大な哲学史はスミスによって書かれることはなかった。今、紹介しているのはその一部として書かれた、比較的まとまった断片「天文学史」である。けれども、ここからもうかがい知れる、哲学についてのスミスの見解は興味深いものがある。

「哲学は、すべての快適な学芸のうちでもっとも崇高なものであり、その諸変革は、文芸世界で起こったもののうちで最大かつもっとも頻繁で、もっとも際立っている。したがって、その歴史は……もっとも面白いし、もっとも教訓的であるにちがいない。だから、世界中でわれわれがその歴史をなにほどか知ってる唯一の地域である世界のこの西方諸地域で、学識と才能のある人々がつぎつぎに採用してきたすべての異なる自然の体系を吟味しよう。……われわれの主題に属する特定の観点からのみ、それらを考察しよう。そして、それらの各々が、想像力を落ち着かせ、自然の劇場を、さもなくばそうみえたはずであるよりも、まとまったものにし、したがってより壮麗な光景にするのに、どの程度適していたかを探求することで満足しよう。……これが哲学の歴史のあらゆる迷路をもっとも巧みにわれわれを誘導しうる手がかりである……それは、何が先行したかを確かめ、何が後続するかを照らしだすのに同時に役立つ。なぜなら、われわれは一般に、他の点ではどれほどよく支持される体系でも、その結合諸原理が全人類になじみ深い体系でないと、人々の一般的信用を獲得できないということを観察しているからである」(『哲学』二六～二七頁)。それでは、哲学はいつ生まれたのであろうか。

◆哲学の起源◆

「人類は、法、秩序、安全が確立される前の社会の初期時代には、自然の一見ばらばらな諸現象を統合している諸事象の隠れた鎖を発見しようとする好奇心をあまりもたなかった」(『哲学』二八頁)。生活が不安定で、荒々しい危険に曝されているために、未開人はそのような関心をもてない。むしろ彗星、日月食、雷などの不規則な自然現象は未開人を驚かせ、彼らは恐れに近い畏敬をいだく。自然の不規則性のなかには、虹や果実がそうであるように、美しく快いものもあり、それには未開人は愛、満足、感謝を感じる。

「自然現象のあるものが彼にふきこむ畏敬と感謝は、それらが畏敬と感謝の適切な対象であること、したがって、そういう感情の表現を喜ぶ知的存在からでたものであることを、彼に確信させる」(同三〇頁)。だから、そのような自然の対象は見えざる力、意図をもつ力の指図によって生じると想定されるのである。

「海は、**ネプトゥヌス***の機嫌に応じて凪となって拡がったり、嵐となってさかまいたりする。大地があるれるばかりの収穫を生み出すかどうか、それは**ケレス***の寛大さによる。そのぶどうの樹は、たくさんの葡萄を実らせるだろうか。それは**バックス***の恵みによる。どちらも、贈り物を拒否するのか。それは、

*ネプトゥヌス Neptune
ローマ神話の海神。ギリシャ神話のポセイドン(海神で地震を起こす力をもつ)にあたる。

＊ケレス Ceres 古代ローマ時代以前の農業の女神。ギリシャ神話のデメテル（地下に住む農業の女神で、結婚と社会秩序の守り手）にあたる。

＊バックス Bacchus ローマ神話の豊穣の神。ギリシャ神話のディオニュソス（豊穣とぶどう酒と演劇の神）。

立腹したそれらの神の不機嫌のせいだ……」（同三〇頁）。ここに多神教の起源があり、またすべての不規則な自然事象を、目に見えない知的存在（神、悪魔、魔女、守り神、妖精）の好意と不機嫌に帰する俗間の迷信の起源がある。世界の初期時代——異教的古代の初期時代と野蛮人の間——には、このような迷信が哲学の代役をはたした。

ところが、「法が秩序と安全を確立し、生計の不安がなくなると、人類の好奇心が増大し、恐れは減少する。今や彼らが享受できる余暇が、彼らを自然諸現象に前より注意深くさせ、もっともささいな不規則性にさえ気づかせ、それらすべてを連接している鎖が何であるかをいっそう知りたがるようにする。……自己の弱さを感じる機会はほとんどなく、強さと安全を意識する機会がきわめて多い、文明社会で育った寛容なすべての人々が身につけている寛大と快活さは、この結合の鎖として、彼らの粗野な先祖の恐れと無知が生み出した、見えない諸存在を採用する気持を減少させる。仕事にも快楽にもあまり多くの注意を奪われない豊かな財産をもった人々が、日常生活の事柄からこうして解放された想像力の空隙を満たしうるには、自分のまわりで起こる一連の事象に注意を向ける以外に方法がない。……多くの事物は彼らの見慣れぬ順序で起こる。……彼らの想像力は、それらの外観の不一致に停止させられ、当惑させられる。それらは、彼らの驚異を喚起する。そしてそれらは、それらを前に起った何かと結合し、そうして宇宙の全行程を一貫させ、一続きにさせる中間的諸事象の鎖を必要とするように思われる」（同三一～三二頁）。

したがって「人類を哲学、つまり、自然のさまざまな現象を結合している、隠された関連を解明しようとする科学の研究に駆り立てる第一原理は、その発見から得られる何らかの利益の期待ではなく、驚異である。そして彼らはこの研究をそれ自身のために、それ自体独自の快楽または全として追求するのであって、哲学が彼らに他の多くの快楽の手段を与える傾向をもつことを顧慮してそうするのではない」（同三二頁）。

西方世界で最初に文明社会の状態に到達したのは、ギリシャとその植民地である。したがって、そこに最初の哲学者たちが現われた。それ以前に「法と秩序」はアジアとエジプトの大君主国に確立されたが、専制政治のもとで哲学が発展したかどうかは記録がないのでわからない。

ギリシャの植民地は大陸より安全だったので、「洗練と進歩」でも進んでおり、したがって最初の哲学者たちは植民地か島部出身であった。最初の哲学の二派はターレスとピュタゴラスによって創始された。その内実はよくわからないが、自然の結合原理の研究ではピュタゴラスのほうがイオニアの哲学者よりはるかに進んでいたようである。

このように回顧して、スミスは、ソクラテス学派のプラトンとアリストテレスの登場を語り、いよいよ天文学そのものの発展、天動説から地動説への展開を跡付けている。[1]

1　関心のあるひとは、翻訳があるので、直接に参照されたい。また只腰親和『「天文学史」とアダム・スミス』（多賀出版、一九九四年）も参考になる。

2　「模倣芸術論」

模倣芸術を分析したエッセイも断片で終わっているが、スミスの**美学**[*]への貢献と見なすべき、このエッセイは興味深い考察をもっている。

それは第一に、絵画と彫刻の比較に見られる。「模倣したものと模倣の対象とのあいだの不一致は、ある芸術では他の芸術よりずっと大きく、模倣から生じる快楽は、この不一致が大きいほど大きいと思われる。絵画では、模倣は、もとの対象がどうでもいいもの、あるいはいやなものであってさえ、しばしば快い。彫像や彫刻では、そうではない。もとの対象がきわめて高度に偉大であるか、美しいか、ま

＊**美学**　ハチスンは『美と徳の観念の起源』（一七二五年）で、客観的な美の概念と、主観的・内的な経験と見る美の概念を融合しようとした。美的感覚を用いて対象を凝視する精神主体がなければ、その対象が美しいと言われることはないとハチスンは考えた。美学という言葉は一七五〇年にドイツのバウムガルテンが創始した。スコットランドのみならず、ハチスンの影響は大きく、ヒューム、スミスは主観主義的なその継承者であるし、また経験主義心理学と結びついて、観念連合を重視するアリスンやケイムズの美的感情論へと展開された。アディスン、バーク、ホガースは想像力、崇高、美を論じて美学の発展に寄与した。

たは興味深いかでないかぎり、模倣は快楽をもたらさない」（『哲学』一五五頁）。

平凡な男女は、レンブラントの絵にあっては、大きな快楽を抱いて眺めるが、彫刻にとっては貧弱きわまりない対象である。彫刻にふさわしい主題は、「ユピテル*、ヘラクレス*、アポロン*、ウェヌス*、アルテミス*、ニンフェ*、……ラオコーン*の悲惨な死、ニオベ*の子供たちのいたましい運命、格闘士たち、闘技、死にゆく剣闘士、男女の神々や半神たちの姿、あるいは人間の想像力が考えうる最も高貴な態度や最も興味深い状況におかれた人間の肉体の最も完全な形」（同一五五～五六頁）などである。

同じ模倣芸術といえども、絵画と彫刻の差異はこのように大きいというスミスの指摘は的確である。スミスはさらに彫刻は裸が最上であるが、絵画では身体を如実に表現することは必要ではないこと、彫刻では彩色は不要であること、作品の効果は欺瞞によるものではないことなどを指摘して、こう述べている。

「われわれがこれら二つの模倣芸術から引き出す本来の快楽は、欺瞞の効果であるどころか、それとはまったく両立しない。この快楽はまったく、一種類の対象が他のひじょうに異なった種類の対象を表現するのを見た際の驚嘆に基づくのであり、さらに、自然がそれらのあいだに確立した不一致をこれほど見事に克服する技術への、われわれの称賛に基づくのである」（同一六四～五頁）。彫像と絵画の高尚な作品は自らについての説明を伴っていて、それらが作り出される様式と方法が一目瞭然であるという点で、自然の驚異とは別の、驚嘆すべき現象であるように見えるである。

「熟練していない見物人の目でさえも、彫像においては形態の、そして絵画においては色彩の明暗の、一定の変容が、人間の諸行為、諸情念、態度を、他の諸対象の大きな多様性と同様に、あれほど大きな真実性と生々しさとをもって表現することが、どのように可能であるかを、ある程度直ちに見分ける」（同一六五頁）。そしてその効果に驚嘆し、楽しみ、満足するのである。

次にスミスは音楽、舞踊、詩へ進み、それぞれの特質を考察し、この三つのジャンルの比較を展開す

＊ユピテル（Jupiter）ジュピター。ローマ神話における主神。天界を支配し、気象をつかさどる。神話のゼウス（Zeus）。

＊ヘラクレス（Hercules）ギリシャ神話でゼウスの子。大力の英雄。

＊アポロン（Appolo）ギリシャ、ローマ神話のアポロ。光、医、音楽、詩、予言、男性美の神。

＊ウェヌス（Venus）ビーナス。古代イタリアの庭園と春の女神。ローマ人はアフロディテと同一視して、愛と美の女神とした。

＊アルテミス（Althaemenes）ギリシャ神話。誤って父を殺害した。

＊ニンフェ（Nymph）ギリシャ神話の神々のうち下等なものの一つ。海、川、森、樹木、山、牧場などに住む美しい乙女。上位の神に仕えている。

＊ラオコーン（Laocoon）ギリシャ神話でトロイのアポロ神殿の祭司。トロイ市民に対しトロイの木馬を城内に入れてはならないと警告し、巨大な海ヘビに絞め殺

る。スミスの薀蓄は見事であるが、読者に味読されるように委ねよう。

3　修辞学・文学講義の概要

残されたテクストに講義ノートの『修辞学・文学講義』がある。これもまたスミスの並々ならぬ深い考察が見られるものであるが、その概要は、おおよそ言語にまつわるすべての考察からなっていると言えば大げさかもしれないが、きわめて包括的なテーマを扱っている。スミスは生涯にわたって文学への関心を持ち続けていた。スミスの晩年の友人であったギリシャ学者ディーエルは、老後の最高の楽しみは、青春時代に喜びの源であった文学作品と旧交を温めることであるという自説に従って、スミスが古典作家の作品を味わっている姿をしばしば見たという。[1] そうした文学への造詣がこの講義によく示されている。

スミスは、次のようなトピックを順次取り扱っている。言語と文体、**言語の起源***と進歩、発音・強勢・語順、格と語順——以上は言語論というべきものである。

次に文体論がある。言葉のあや（文彩）と修辞、性格と文体、性格・文体と笑い、滑稽——スィフトとルキアノス、アディスンの特色、シャーフツベリの性格・文体。

第三に文章作成に関連する考察が展開される。ここでのトピックは、文の分類、直接記述と間接記述、対象記述の規則、複雑な対象の記述法。以上に続いて、歴史叙述と弁論という二つに分かれる詳細な考察が展開されている。

◆言語と文体◆

スミスは従来の修辞学者が詳論してきた文彩には批判的であった。スミスは、作者は自らの「思想を、

された。

＊ニオベ（Niobe） ギリシャ神話。自分の子を誇ってレトを嘲ったため、レトの子に復讐された。ニオベの子達は殺され、ニオベ自身はゼウスによって石にされたが、なおも亡き子を偲んで泣き続けたという。

＊言語の起源　スミスは「言語の起源に関する論考」を書いて、『言語・文献学論集』（一七六一年）に載せたが、後に『道徳感情論』第三版の付録にした。スミスならずとも、啓蒙思想家は学問の起源や言語の起源に関心を持った。ベーコン、ホッブズ、ヘイルなどから、コンディヤック、ルソー、モンボド、ヘルダーまで多数の名前をあげることができる。スミスとの関連ではルソーが重要である。争点は、言語は生得的か、それとも文化の産物かということであったが、スミスが後者に属することは言うまでもない。モンボドはルソーの弟子として、言語がいかにして生まれたかを、言語をもたないオランウータンなどと比較して徹底して論じた『言語の起源と進歩』六巻（一七七三―九二年）を残したが、スミスは第四巻まで所蔵していた。

最も簡潔、適切、正確な様式で表現すること」を目指すべきであると考え、学生にもそのことを教えようとした。

「透明な文体を達成するためには、われわれの用いる表現が、同義語的ないくつかの語から発する一切のあいまいさをもたないばかりでなく、用語はわれわれの話す言葉の本来語でなくてはならない」（『修辞学』六一頁）。

「われわれの用語は英語的であり、国の風習（生活様式）に適するものでなくてはならないのみでなく、同様に、国民の中のある特定な階層の風習にも適さなくてはならない。この階層とは、もちろん、身分の高い、家柄のよい人々で形成されている層のことである。これらの人々の言動の自然さは快いものであり魅力があるので、それに関連あるものはいかなるものでも、われわれに喜びを与えるのである」（同六二頁）。スミスは、上流階級の風習が正しい言葉遣いを形成すると断言する。

「括弧をつけて挿入された語や過剰な語がなく、表現が自然な秩序を保っていることは、同様に、文の透明さへの大きな助けとなる。いわゆる力まない書き方とはこの点に存する……特にボリングブルック、およびスィフトはこの点において優れていて、彼らの著作は非常に明快である」（同六六～六七頁）。この規則を守らない典型は**シャーフツベリ**であるとスミスは言う。

短文は長文より一般的には透明度が高い。しかし、脈絡のない書き方が曖昧さでは最悪であって、長文でも精密な文体、正しい表現を守ることは可能である。この点でサルスティウス、タキトゥス、トゥキュディデースは優れている。簡潔な表現と短い文章は、事実をあるがままに記述する歴史家か教訓的

シャーフツベリ Shaftesbury, 3rd Earl of 1671-1713

イングランドの哲学者。ロックの友人・弟子としても有名。大陸旅行の中で，古典的教養を培った。代表的な論集『人間・風習・意見・時代の諸特徴』（1711年）は，仏・独訳も出版され，18世紀に大きな影響力をもった。自然宗教の立場に立ち，キリスト教の来世における賞罰の観念から道徳を解放するなど，道徳を宗教的偏見と切り離し，固有の領域として確立した。秩序や調和を感得する能力である道徳感覚の概念はハチスンらに継承された。

作家に適しているが、後者ではアリストテレスだけがこの文体をとった。

代名詞の頻用も透明な文体には適さない。

スミスは、修辞は文体に美をもたらさないと主張する。「最も美しい文章は、一般的に、最も単純な文章である」（同一一〇頁）。しかし、弁論家にとって大胆な修辞が有利であることをスミスは認める。

スミスは、弁論家と教訓的作家と歴史家の三者の比較を行う。前二者は自己の命題を規定し、それを論証することが仕事であるが、歴史家は命題を知ること、事実を語ることだけが仕事である。したがって、前二者の文体の類似は、後二者の文体の類似より大きい。

「歴史家の本務は、しばしば自己の時代から遠く隔たった時代の諸事実、しかもそれについて特別の好悪の感情を持たず、持つべきでもなく、持っていないように見せかけるべき諸事実を、淡々と物語ることである。これに反して、弁論家は自己もしくは味方の人々がほぼ深い関心をもつ問題を扱う。したがって、よしんば自身は真に関心を持っていなくても、深い関心があるように表面を繕うことが本務であり、したがって彼は論じつつある問題を証明するために自己のあらゆる技術を用いる」（同一一三頁）。したがって、弁論家と歴史家の文体は、異なる。「弁論家は、微細な論点も一々詳論し、それをあらゆる観点から表現し、すべての議論を可能な限り多様な形式で強調する。この方法によって、歴史家なら一文で淡々と述べるであろう内容が、議論は同一でありながら、さまざまな観点が長々と述べられることになる」。弁論家はしばしば感嘆符を用いる。「歴史家は、どの派が最も正しいかということには関せず、不党普遍の事実の語り手であるので、読者の心をひらくために感嘆詞を用いることはない」（同一一四頁）。

教訓的作家は、その立場が弁論家の立場に近いので、文体も似ている。前者は時に弁論口調を利用するが、それが適切かどうかは疑問である。スミスはアリストテレスとマンデヴィルを教訓的作家の代表としている。

◆スィフトの文体について◆

スミスは文体を多様であり、多様な文体がわれわれの好みに合うと言う。またスミスは、文体は作者の物の見方、作者の目的を達成するために採る手段に応じたものでなければならないとし、また文体を作者の性格に結びつけている。スミスは、教訓的作家の文体に率直型と単純型を区別し、**スィフト**と**テンプル卿**をそれぞれの代表とする。「両者ともきわめてすぐれた著述家である。私の見る所では、スィフトは文体の適正と精密においてすぐれ、テンプル卿はおそらくスィフトほどではないが、その文を読むときの読者の楽しさについてはスィフトと同等であり、教訓性についてはスィフトよりずっとまさっている」（同一二四頁）。

スミスはスィフトとテンプル、さらにシャーフツベリ、**アディスン**、ルキアノスとを較べているが、その議論を追っていくと、スミスがスィフトをきわめて高く評価していることが分かる。

スミスによれば、スィフトほどよく読まれながらその真価が理解されていない作家はいない。その理由をスミスは検討する。第一に、スィフトの宗教感情と主流のそれとの違いがある。「彼は、宗教上のであれ、行政上のであれ、暴政の味方ではない。……しかし、彼は一般の人々の間に流行している行政

スィフト Swift, Jonathan
1677-1745

アイルランドのダブリンに生まれ，ウィリアム・テンプル卿の庇護を受ける。聖職者であったが，教会の内部対立を嘲笑した『桶物語』（1704年）や，小人の国や巨人の国，ラピュータ島など想像の国や島を題材にブリテン社会を巧妙に風刺した『ガリヴァー旅行記』（1726年）をはじめとして多くの作品を発表し，文筆家として名を成す一方で，トーリ系の『エグザミナー』に拠って政治論争にも関与した。「スウィフトの箴言」と呼ばれる関税率に関する言明が『国富論』に記録されている。

テンプル卿 Temple, Sir William
1628-99

政治家としてオランダ大使を務め，1688年にはスペイン，フランスのカトリック大国に対するイングランド，オランダ，スウェーデンのプロテスタント連合を実現し，またオレンジ公ウィリアムとメアリの結婚を仲介した。『アイルランドの状態』（1668年）で近時の植民は批判したがその専制は擁護した。主著は『オランダの考察』（1672年）。

上の自由、宗教上の自由を守ろうとする暖かい感情を、全く持っていない」(同一二四~五頁)。

第二に、最近の英国の思想界で抽象的・思弁的推論が流行していることである。スミスはこのような傾向を改善に有益ではないと言う。「これらの学問をスィフトはむしろ知らなかったか、価値がないと考えていたように思われる……彼は、よりいっそう直接的に社会を裨益する学問を研究するという傾向の方が強い」から、当世風の好みに合わない。彼の著作は、「現代の主要な悪徳もしくは愚挙を嘲弄する場合でも、現代独特のある性格を暴露する場合でも」(同一二五頁)、現代的意義があるとスミスは評価する。

第三に、彼の性格とともに言語にも理由がある。我々は日常使っている英語は完璧な言語からほど遠いと了解しているから、平凡な文体から隔たっていればいるほど、その文体は完璧に近いと考える。したがって、シャーフツベリはどこでも賞賛されており、トムスンはミルトンと比肩する詩人とされている。一方、スィフトは英国で最も適正、正確、率直な作家でありながら、同時に軽蔑の念をもって迎えられていることも否めない。読者は、この程度の文章なら自分にもかけると思うからである。

しかし、スィフトは、書こうとする主題を完璧に熟知しており、主題を適正な順序に配置し、思想を最適の様式で表現している優れた作家であることをスミスは力説する。[2]

このようなスミスの見解は『道徳感情論』や『国富論』の構成・表現・文体に無関係であったとは思えない。両著作はともにここでいう教訓的作家の著作という範疇に入るであろう。スミスが、アリストテレスやマンデヴィル、そしてスィフトを参考にしたことは否定できないであ

アディスン Addison, Joseph 1672-1719

文才を認められて政府から年金を得て，フランス，イタリアに旅行したのち，ウィッグとして政界に入る。スティールの『タットラー』誌に寄稿した後，日刊新聞『スペクテイター』(1711-12年) に，時局，風習，文学，人物論などを執筆し，スペクテイター氏は洗練された紳士のモデルとなった。洗練を重んじる啓蒙文化への寄与は大きい。幾何学式のフランス庭園より不規則な自然なイギリス庭園を賛美したことも有名である。

ろう。

◆歴史叙述について◆

次にスミスは文章構成法に転じ、最後に歴史叙述と弁論*を考察するのであるが、ここではスミスの歴史論を少し考察するだけにとどめる。

スミスは、歴史書にとって、①いかなる事実が物語られるべきか、②いかなる様式で物語られるべきか、③事実の配列をいかにすべきか、④いかなる文体が適切か、⑤以上の点で、歴史家の誰が成功しているか、を順次検討している。

「歴史書の意図するところは、読者を楽しませることのみではない。歴史書は、そのほかに読者に教訓を与えることを目的とするものである。それは、読者の眼前に、人間生活の中の比較的興味深くかつ重要な事件を並べて見せ、それら事件の原因を指摘し、同様なよい結果を生み出したり、同様な悪い結果を避けたりするには、いかなる方法・方式によるべきかを、読者に示すものである」(『修辞学』二〇三頁)。

スミスは事実には外面的事実と内面的事実があると指摘して、両者に関係する「歴史書の意図は、諸国民に生起する顕著な事件を記述し、また往時の最も著名な人々の抱いた意図・構想や示した同行、意見などを記述することである」(同一五八頁)とも述べている。

スミスによれば、人々の関心を引き、重要な事実とは人間の行動であって、「人間の行動の中で最も興味深くかつ重要なのは、国家や政府の大革命・変革を起こすような行動である。……企図と創意こそ、主としてわれわれの関心を引く……人類の間の出来事は、主としてそれがわれわれの心の中にかきたてる共感・同感によって、われわれの関心を引くのである」(同二〇二～三頁)。しかも幸運よりも悲運、勝利よりも敗北が人間精神に深刻な印象を与えるので、「われわれは、人間の不幸・不運をわれわれ自

* **歴史叙述と弁論** 両者の密接な関連はルネサンスで古代の学問の復興として再建された。中世にはそのような議論も関心もなかった。ヴィーコはそのような伝統の継承者であるが、ここでのスミスの議論にもルネサンス・ヒューマニズムの継承が見られる。

身の不幸・悲運と感じ、彼らと共に悲しみ、彼らと共に喜ぶのである」（同二〇三頁）。

歴史書の序言としては、著作の目的、内容の概略を示すことが適切である。事件の原因は事件そのもののほどは強い印象を与えないので、比較的軽く触れておけばよい。遠因はいっそう概略的でよい。性格記述は本質的な部分ではないので、主要な人物の気質を叙述すれば十分である。事件の記述は間接記述法――事実そのものの詳細な記述ではなく、その事実を見る人の心に起こる効果の記述――のほうが好ましい。**トゥキュディデス**のような古代歴史家の作品を興味津々にしているのは、この方法であって、近代歴史家の著作がつまらないのは間接記述を無視しているからである。「古代の歴史家は、いわば、われわれを、立役者の置かれている状況の中へ連れ込んでしまう。われわれは、彼らの感じていることを、われわれ自身の感じであるかのように、感ずるのである」（同二一〇頁）。

次にスミスは配列を論じる。一般的に叙述は事件の生起した順序に従って進められるべきであるというのが、スミスの見解である。同時に述べるべき複数の事件が起こったときは場所の連結に注意すべきである。しかし、時間と場所の連結以上に、原因結果の連結のほうが強い。原因と結果の結びつきほど関心をひきつける関係はない。したがって、「最善の方法は、……時の流れに従って記述することである。そして、同時に述べるべき事件が数多くあるときには、一つの場所で起こった事件をそれぞれ単独で記述し、……他の場所に関する事件は各々の項目に要約すべきである。そして順序として原因は常に事件より前に位置させるべきである」（同二一七頁）。

トゥキュディデス Thukydides BC 460-400(?)

アテネの歴史家，ペロポネソス戦争に参加して，その記録として『ペロポネソス戦史』を残した（未完）。ルネサンス以降，よく読まれ，ホッブズはギリシア語から翻訳をしたが，それは政治・軍事においていかに振舞うべきかという規範を教えるものとしてであった。スミスは行為の歴史叙述として優れているとしているのであるが，現代の歴史家（Bury など）は，彼を原因，結果の関連に注意した学問的歴史の創始者として評価しており，少し力点の置き方が違っている。

歴史家が用いるべき表現方法については、スミスは弁論体と訓話体をしりぞけ、歴史体をよしとする。事実を叙述することが本務だからである。ところが、歴史的真実を求める声は古代よりも現在の方がはるかに強い。宗教と政治をめぐる論争に現在はいくつもの派があるが、それがある事実を真実と見るか否かによって発生しているからだ、とスミスは言う。その結果、歴史叙述に、自説の正当性を証明しようとする論証が紛れ込むことになっている。それが近代の歴史書を古代人の歴史書より興味のないものとしている。したがって、歴史家は事実が争われている場合、最も妥当な意見に基づいて、事実を叙述し、その後で他の意見にもふれ、そのような意見がなぜ生まれたかを述べればよい、というのがスミスの見解である。

写真1　ニッコロ・マキャヴェッリ

続いてスミスは歴史叙述の歴史を跡付け、古代ではリヴィウスが最も優れた歴史家であること、近代では党派的でない歴史家は稀で、マキャヴェッリ（写真1）だけであるという評価を述べている。スミスはラパンに率直な歴史家として言及しているが、ヒュームには言及していない。ヒュームの『イングランド史』はラパンに依拠するところがあったことが知られているが、この沈黙は何を物語るのであろうか。

スミスは晩年まで古代ギリシャの歴史を書こうとしていた。もし、それが実現していたとすれば、以上のような観点から吟味した、事実に即した、党派的でない、そして興味深い歴史となったことであろう。

1　ロージアン編（宇山直亮訳）『アダム・スミス修辞学・文学講義』（未來社、一九七二年）一一頁。
2　以上、その概要を跡づけたスミスのスィフト論は、是非一読してほしい。

第10章 スミスの遺産——継承と批判

1 経済学の確立、制度化とアダム・スミス

偉大な思想家の偉大な書物は、たいてい死後も古典（Canon）となって読まれ、大きな影響を与える。周知のとおり、スミスの『国富論』も世界各地で継続して読みつがれる偉大な古典のひとつとなった。一九世紀前半から中頃になると、経済学が新進の学問として本格的に確立され、まず大ブリテンにおいて、続いてアメリカやフランスにおいて、漸次、大学を中心とするアカデミズムに重要な地位を占めるようになった。

大ブリテンでは、リカードとマルサスが登場して新しい局面が開かれた。やがてリカードの影響は、一方ではその労働価値説を通して、初期社会主義の学派を生むことにもなる。[1]

フランスにおいては、様々な先駆者のあとに登場したケネーによって、フィジオクラート（自然の支配＝重農主義）のパラダイムが形成され、このエコノミストの潮流が独自の伝統となった。しかし、大革命後、セーによってスミスの経済学が本格的にフランスにも導入され、やがてワルラスに受け継がれ一般均衡理論が定式化される。

ドイツでもスミスの経済学は熱心な追随者を生んだが、**カメラリズム***の伝統もつよく、古典派は主流

＊ **カメラリズム** 主にドイツやオーストリアで発展した重商主義的体系。カメラとは王侯の官房・蔵を意味し、その富国策がカメラリズムの中心をなす。行政官養成のための学問として発展し、綜合的・体系的な知識として、今日の財政学、行政学、統計学、経済学など諸学を含んでいた。カメラリズムは細分化されていったが、その国家中心主義的な思想は、自由主義批判の議論に引き継がれていった。

とならなかった。また一九世紀中頃には、**リスト**によって、後進国の立場から、自由主義にたつスミスの経済学は万国主義という偽装をしているものの、実際は先進国大ブリテンの利益を追求するイデオロギーであるとして激しく批判された。その意味で、リストは自由貿易帝国主義論を先取りしていた。

アメリカでは独立革命後にハミルトンによって保護主義が確立され、**制度学派**＊と呼ばれる独自の経済学の伝統が形成されていく。

リストが国民主義経済学を提唱した時期に、資本主義が作り出す大量の周期的失業者問題と貧困問題——豊富のなかの貧困——に心を痛めたマルクスは、問題の根底を人間の疎外という概念で把握した。人類史を階級闘争の歴史としてとらえる階級史観を採用したマルクスは、階級の廃止なしに疎外からの解放はないと考えた。しかし、マルクスは階級の廃止自体も大きな生産力を実現しないかぎり不可能であると考え、資本主義の生産力を将来社会は継承するものと理解した。したがって、マルクスは、**ミル**のように税制によって分配関係を変えればよいという見解はとらず、資本主義を否定し社会主義を基礎づける批判的経済学を構築しようと努力した。

リスト List, Friedrich
1789-1846

19世紀前期のドイツの経済学者。アメリカに亡命したこともあり，最後はオーストリアで自殺するなど，多難な生涯を送った。古典派経済学を抽象的な交換の科学であるとし，古典派経済学の理論とそれに基づく自由貿易論を批判し，「富を作り出す力は，富そのものよりも無限に重要である」という生産力の理論から後進国の保護主義を擁護した『経済学の国民的体系』（1841年）や，土地整理による農業改革こそが統一的市場形成の前提となることを論じた『農地制度論』（1842年）などを著した。

ミル Mill, John Stuart
1806-73

19世紀を代表する思想家。3歳の時から始まった父ジェイムズ・ミルによる英才教育を通して，ベンサムおよび父の後継者として育てられるが，いわゆる「精神の危機」（26-7年）を経て，より多様な思想を吸収するようになった。『論理学体系』（1843年），『自由論』（1859年），『功利主義論』（1861年），『代議政治論』（1861年）など多くの著作がある。ミルは，『国富論』を「原理とともに応用を教える」という長所を持った「偉大で美しい著作」と評し，『経済学原理』（1848年）によって，それに取って代わることを意図した。

＊ **制度学派**　一九紀末から二〇世紀前半のアメリカにおいて、ヴェブレンを創始者とし、コモンズ、ミッチェル、クラークなどによって展開され、現在においても一定の影響力をもつ経済学上の学派。この場合、制度とは思考習慣、行動様式などを意味する。古典派経済学を抽象的、快楽主義的なものとして批判し、経済制度の累積的進化過程に関する理論を展開した。営利企業、労働組合、経済集中をはじめとした様々な経済現象の実証的研究において、ヴェブレンの『有閑階級の理論』（一八九九年）に代表される多くの優れた業績をあげた。

こうして、スミス以後、経済学は、欧米において、様々な潮流とパラダイム、学派と系譜を生み、相互に論争を展開しながらも、次第に体系化、洗練され、また制度化されていく。経済学は、それぞれの地域と国家において、為政者の政策指針に大きな影響を与えてきたことはいうまでもないが、様々な社会運動や市民各層の教養にも甚大な影響を与えてきた。

当初、政治学や法学に比してイデオロギー性が少ない客観的な社会分析の学として登場したはずの経済学であったが、スミスの労働価値説は、リカードを介してマルクスに受け継がれて、資本主義批判の理論へと転回された。

他方で、講壇に定着した経済学は、スミスから価格論、市場論、生産費用論などの分析用具を継承し、新たな分析概念を順次獲得しながら、それらの理論装置にいっそうの洗練を加えて、マーシャルやワルラスの一般均衡論、その他の近代経済学の諸学派の理論を次々と生み出していった。限界革命が大きな転換であったことは改めて述べるまでもない。

そのようななかで、スミス経済学の伝統は、自由主義経済学として根強い伝統をもち続けてきた。そのなかからはハイエクやフリードマンのような極端な論客も生まれた。しかし、スミスの経済学はスミスの精神と一体であったのであり、したがって、それは硬直した自由主義のドグマではなかったことを想起すべきである。

所与のブルジョア階級、商工業者のインタレストを特別に擁護することは、スミスの精神から程遠いものであった。スミスのターゲットは、スミスの眼前に展開していた、ウィッグ支配体制の政策としての重商主義の廃棄にあった。スミスの経済学は、勝ち誇れる産業資本――それはまだ存在しなかった――の自己正当化の学ではなかったのである。自由への漸次的接近、現実主義的な制度改革の段階的遂行、時代の課題、歴史的課題への柔軟な対応がスミスの説いたものであり、したがって、スミスは結果として資本主義（自由競争資本主義）のイデオローグともなったが、同じ資格において資本主義（重商主義的独占）を批判するイデオローグでもあった。総じて、むしろスミスは、個人の自由の擁護者であり徹底した自由主義者だったというほうが適切である。

スミスが支持した資本主義は、公正な自由競争が行われる資本主義である。スミスは独立生産者が生産の主要な主体である形態の資本主義、すなわちマニュファクテュア段階の資本主義を見ていた。あらゆる組織、部面で自由で公正な行為、自由競争が行われる社会がスミスの支持した社会である。しかし、『国富論』のどこでも、スミスは自由競争を煽っているという印象はない。むしろ、スミスはさまざまな規制や利益誘導を批判する新しい原理として自由競争を主張していたのである。しかも、スミスは過激な競争的資本主義を支持したのではなく、無理のない自由競争、安定した生活を求めたのである。スミスが貪欲や強欲を批判したことは言うまでもない。そのようなスミスにとってのアポリアは、分業の不可逆的な進行の結果、労働者が愚昧になるという問題であった。さしあたり、スミスは教育や教練で対症療法を考えたが、それで十分だと考えていたかどうかは、何とも言いきれない。分業と文明の成果を讃えたスミスではあったが、実のところ、文明社会の哲学者としてのスミスは楽観に終始できなかったのである。

スミスが本格的な機械制大工業が成立した、発展した資本主義社会——例えばマルクスが見ていた資本主義社会——をはたして支持したかどうかは調べようがないが、かなり疑問である。スミスは資本主義の将来を予見できなかったということになるかもしれないが、この疑問は残る。

スミスには資本主義という用語はない。それに代わってスミスが用いたことばは、商業社会であり、より頻繁には文明社会である。スミスはかれの眼前に成立していた文明社会の構造を分析し、人間の本性とさまざまな階級の思想と行動を追跡した。そして文明社会に貫かれる法則の析出をおこなった。その結果、地主、資本家、労働者という三階級の利害が一面で対立し、それぞれ自らの階級的利益を追求する社会として、しかし消費者としては全員が豊富な物資に恵まれる社会として、文明社会を把握した。

スミスは文明社会を豊かな社会としてだけではなく、実質的に資本主義社会としても理解していたということができる。

しかし、スミスが望ましいと考えた社会の構造と諸階級の行動は、未だ、必ずしも十分に現実のものとはなっていたわけではない。その意味ではスミスが望ましいと考えた社会と人間の行動は、理念にとどまっていたといっても過言ではない。

このようなスミスの言説の正確な理解は、スミスがそもそも道徳哲学者であったということを改めて想起させるであろう。わたしたちは、今日、アダム・スミスを平気で経済学者であったと言うけれども、実は正確には、それは正しいとは言えないのである。

スミスの最初の主著『道徳感情論』は、晩年までスミスが改訂しつづけた書物であって、スミスの主観においては『国富論』に劣らず重要な書物であった。しかし、『国富論』と比べて、『道徳感情論』はずっと古典（Canon）として評価されてきたとは言い難い。『道徳感情論』がキャノンになったのは、むしろ現代においてであるというほうが正確かもしれない。マルクスは『道徳感情論』を知らなかったようである。ミルはそれをどう読んだのだろうか。スティーヴンが『道徳感情論』を内容のない空疎な著作だとして価値を認めなかったのは有名な事実である。

しかし、さすがにスコットランドではそんなことはないようである。例えば、チェインバーズは有名な人名辞典で[2]、『道徳感情論』を説明して「偉大な倫理学の著作」であり「疑いなく道徳の科学のまさに第一級の地位を占める権利をもつ」と述べている。一九世紀半ばのスコットランドでは『道徳感情論』の価値は認められていた。しかし、チェインバーズも述べているように、スミスの道徳理論は多くのひとから間違っていると見なされたことも事実である。スミスは、道徳感情は同感=共感から生まれると考えたが、例えば素晴らしい演奏を聞いた聴衆と演奏者の感情の一致から生まれるものは道徳感情ではないことが明らかなように、道徳感情は共感に先立って別個に存在するのであって、スミスにおい

＊功利主義　幸福・快楽の増進こそが善であるという功利の原理（「最大多数の最大幸福」）によって人間の行動や国家の政策を評価しようとする思想。ロックやヒュームなどの議論にも先駆的に見られるが、ベッカリーアやプリーストリを経て、ベンサム、J・S・ミルによって理論として大成された。特に一九世紀前半のブリテンの政治・社会改革において有力な知的根拠を提供した。しばしば利己主義と同一視されるが別のものであり、様々な批判にさらされながら現代でも積極的意義を担い続けている。

ても共感によってすでに存在している道徳感情が顕になるということであるほかない。そのことを明確にしていない点にスミスの理論的弱点がある。これこそ、多くの論者がスミスの誤りとした点である。多数者が承認しない理論は消え去るしかない。スミスの同感論は、道徳理論としては、以来、主流の地位を占めたことはない。ドイツ語圏ではカントの「定言命法」が圧倒的な支持を得てきた。英米ではコモン・センス哲学からやがて功利主義倫理学へと主流が移行した。今もなお、**功利主義**＊が主流であると思われるが、しかし、スミスの倫理学は、近年になって再評価されるようになった。リバタリアンとコミュニタリアンの登場もあり、功利主義との関係で、議論が動きつつあるのが現状というところだろうか。

カント的な定言命法は、ひとつの究極の思想であることは否定できないであろう。しかし、ロールズの正義論とともに、定言命法は余りにも堅苦しいという問題がある。倫理学が実践哲学として市民のものになるためには、日常の意識から平易に到達できるものでなければならないであろう。その意味で、同感の理論は、日常の生活実践の要請に応えうる柔軟さをもった、優れた理論であるように思われる。

2　最近の欧米のスミス研究

戦前までのスミス研究の権威は、ボナー、スコット、キャナンというところであったとすれば、戦後の権威は、ミーク、スキナー、ウィンチといったところであろうか。わが国とちがって、欧米にはアダム・スミスの専門家は少ない。たいていはもっと広い複数の領域と多数の研究テーマをもっているからである。

ともあれ経済学史の視野からするスミス研究は長く中心を占めていた。しかし、戦後は方々の視角、側面からスミスのほとんどすべての著作、テクストに関心が注がれるようになり、他の研究対象の場合もそうであるが、分厚い専門研究の蓄積が生まれた。

そういうなかで、まず歴史発展の四段階論への関心からするスミスを含む「**スコットランド歴史学派**」*論が先行した。パスカル、ミーク、スキナーたちが代表である。

次に、とりわけ分業概念と疎外論の関連に注目があつまった。ウェストなどである。

そして『道徳感情論』の本格的研究が始まることによって、いわゆるアダム・スミス問題が解決された。おなじことは戦中のわが国のスミス研究でもすでに起こっていたが、その成果が定着するのは戦後である。

こうして戦後のスミス研究は、思想史的研究が圧倒的に主流を占めるようになる。思想史的研究の主要な流れは、大きくは、自然法思想のなかでスミスの社会思想を理解しようというものと、その後に成立した、共和主義との関連で理解しようというものとに分けることができる。しかし、しばしば誤解されているが、後者は、自然法思想とスミスの社会思想の関連を否定するものではない。後者は、スミスの社会思想を共和主義との緊張に満ちた関係においても理解しようとするものなのである。

個人主義でありながら、バラバラの原子的個人主義でないものを、『道徳感情論』の共感の概念が提起しているということに関心があつまったのは、二度の世界大戦とファッシズムを経た戦後思想の自省として、理由のあることであった。社会的人間をいかにして再建するかという深刻な課題に直面した思想史家たちが、スミスの共感の概念のポテンシャルに気づいたのである。この潮流は自然法思想への関心と結びついて、戦後のスミス研究の主流となった。ブライスン、ラフィル、フォーブズ、ホーコンセンなどをあげることができる。

しかし、スミスの人間像と社会思想の理解は共和主義の側からも進められた。共和主義、あるいはシヴィック・ヒューマニズムの流れからのスミス研究は最近の研究のなかで最も新しい動向である。ポーコックに始まるこの潮流は、生産性を失ってしまった日本のスミス研究にはない、最新の成果である。

＊スコットランド歴史学派
ロイ・パスカルが創始した概念で、一八世紀のスコットランドの盛んな歴史意識、歴史叙述に注目したとき、そのなかに歴史発展の思想を展開した優れた文明史論が多数存在すること、それはドイツ歴史学派に遙に先行することから、この用語を用いた。その後、啓蒙思想家は歴史とともに道徳哲学や政治・経済論を重視したこと、またさらには自然科学など他の領域でも優れた思想と著作が生まれていることから、次第にスコットランド啓蒙という用語が一般的になった。

ルネサンス以降に復活を遂げるシヴィック・ヒューマニズムは、キリスト教的伝統、自然法思想、ネオ・ストア主義等と相克、緊張関係を保ちつつ、啓蒙の時代まで、社会思想家によって、しばしば重要な思想的伝統として社会の論議において援用されてきた。それが、スミスの思想においていかなる役割を果たしたのかを再考することは、きわめて意義ある試みである。

ホントとイグナティエフ編の『富と徳』が、いかに刺激的な研究成果であるかは改めて指摘するまでもないが、それはポーコックの仕事なしには考えられないのである。

3　わが国のスミス研究

わが国で本格的なスミス研究が始まったのは戦時中であった。すでにマルクスを公然と研究できなくなっていた昭和一〇年代に、研究者の学問的良心が向かったのはスミス研究であった。大道安次郎、白杉庄一郎、**高島善哉**、**大河内一男**などの研究がそのようなコンテクストで成立した。時局に対決するにあたって、かれらはスミスの生産力概念のもつ合理性を押し出したのである。すでに戦時中に研究を開始していた内田の場合も、生産力説は継承された。

戦後に『経済学の生誕』と題されたスミス研究を上梓し、学会に颯爽と登場したのは**内田義彦**であった。内田の目は遥かにマルクスの方を向きながらも、マルクスが批判的にスミスに対決したひそみにならって、内田もまたスミスに内在したのである。

内田の特徴は、スミスの時代的背景を文明社会の危機の時代として把握し、その危機意識に発し、その危機を乗り越える理論装置を構築した思想家としてスミスを把握し描きだしたことにある。文明社会の危機の最大の発露を内田は旧帝国主義戦争としての英仏七年戦争にみた。もちろん、このような発想を内田に示唆したのは、レーニンの帝国主義論であり、ブハーリンの全般的危機論であったことはみやすいところである。さらに内田はフランス側にあって危機にたち至った絶対主義＝重商主義国家としての文明社会を克服すべく登場したのが、思想家ルソーであったととらえた。『人間不平等起源論』にいち早く注目したスミスは、ルソーの問題提起を受けとめ、ルソーと異なる処方箋を書いたというのである。

一方、内田は、スミスの最大の論敵をヒュームにみる。公共の効用という概念と正義を結びつけるヒュームの法理論は、全体の効用＝国民的利益をスローガンに掲げた重商主義の思想と親和性がある。

高島善哉 1904-90

一橋大学教授として社会哲学を専攻。主著『経済社会学の根本問題』（1941年）は大河内一男とともに生産力理論を提起した著作としてスミス研究史上重要な地位をしめる。高島は，リストがスミス批判で用いた生産力の概念は，実はスミスの道徳哲学体系を統一する概念であると主張し，純粋経済学，政治経済学，および時局便乗の経済学を批判した。マルクスとウェーバーの比較や社会科学論などにも業績がある。

大河内一男 1905-84

東京大学教授として社会政策の分野で主に活躍したが，スミス研究にも業績があり，『スミスとリスト』（1943年）は，歴史的背景との関連を重視するとともに，スミスにおける経済主体に注目し，生産力の概念を掘下げたが，戦争末期の時局との関係で，問題を残している。最近，両大戦間から戦中期の大河内の国家総力戦体制への関与をうかがわせるそのような側面が一部には評価されているが，疑問である。

内田義彦 1913-89

日本資本主義論争で知られる講座派の影響下で学史研究に入った世代を代表する一人で，戦後刊行された『経済学の生誕』（1953年）は名著である。内田はマルクス経済学をベースにしたが，このスミス研究で，ルソーが直面した文明社会の危機という問題が，スミスにどう受け止められたかに切り込み，若いスミスの緊張に満ちた思想形成過程を描き出すことに成功した。また大塚久雄，丸山真男などとともに戦後の市民社会論を担った内田は，『資本論の世界』（1966年）を書いて，市民社会論の批判的継承者としてマルクスを描き，『日本資本主義の思想像』（1967年）では「市民社会青年」という人間類型論を提起した。

したがって、ヒュームの法理論は重商主義政策の推進者であったウィッグ全体主義を擁護する結果になるだろう。それゆえに、ヒュームは正義を共感に求めるスミスの批判のターゲットに据えられたのである。

こうして保守主義者ヒュームを敵とし、ルソーを味方にするスミスは、ラディカルな思想家とされて、ワットとの交流を理由に労働者にシンパシーを抱いた進歩派とされるのである。このように、いわば、スミス時代のマルクスがスミスだったとされたと言ってもよい。

経済学は、重商主義パンフレッティアの政策論と、自然法思想という二つの源泉から生まれたとするシュンペーターの指摘を顧みることから出発した内田義彦は、にもかかわらず、結局は、後者の系譜においてのみスミスにおける経済学の生誕を問題にしたにとどまる。

けれども、戦後日本の社会的文脈のなかで、『経済学の生誕』は広い読者を獲得した。それは、きわめてアクチュアルな、読者の心に響かずにはいられない問題意識が貫かれていたからである。文明社会の危機はスミスの問題であるという主張には、その危機は内田にとっての危機であり、日本社会の危機であるという思いが込められていた。**軍事的封建的帝国主義**[*]は、欧米の生産力——物量——に敗北した。否、日本は理念や思想においても敗北した。大東亜の繁栄という理念には、一抹の正当性を認めることができるかもしれないが、たとえそうだとしても、その理念は軍事政権のビヘイヴィアによって裏切られた。大東亜共栄圏の理念が中国や南方の侵略と両立するはずはなかった。こうして、欧米の正義によってもファッシズム体制は敗北を余儀なくされたのであった。

戦後日本は、新しい憲法体制のもとで、近代社会の再構築をめざそうとしていたが、内田が『経済学の生誕』を書いていた時期は、まさに日本社会の文明は危機をいかにして克服すべきかを模索している時期であった。もっと大胆に言うならば、内田の内面の核心において、軍事的封建的帝国主義、ファッシズム体制こそウィッグ寡頭制に擬せられたものである。したがって、スミスによる旧植民地体制を従

* **軍事的封建的資本主義**　明治維新をブルジョワ革命と理解した労農派に対立した講座派は、明治国家を天皇制絶対主義として把握したが、講座派の論客であった山田盛太郎は『日本資本主義分析』（一九三四年）において、当時の日本資本主義の特徴を「軍事的半農奴制的型制」と把握し、その後の研究に大きな影響を与えた。

えたウィッグ重商主義体制の克服の研究は、戦後知識人による日本の旧体制の克服の研究と響きあっていたのである。

このような意味で内田義彦のスミス研究は圧倒的な業績であった。しかし、学問的には、『経済学の生誕』には、直観的な深読みにまつわる多くの疑問があった。したがって、このような内田の強引な直感的深読みは、好敵手小林昇の批判を招かないではおかなかった。なぜなら、手堅い緻密な理論家であるとともに、堅実な歴史家でもあったインダストリアスな小林昇の目からは、内田義彦の仕事は、巧みなレトリックが駆使された、いかに優れたパフォーマンスだったとしても、研究として『経済学の生誕』は問題を残す仕事だったからである。しかも、経済思想史のコンテクストをたどって経済学の生誕を説くのではなく、もっぱら思想史的視野から直観を通して経済学の生誕が理解されたことも、小林昇の支持しないものであった。こうして内田―小林論争が始まる。

小林昇はスミスにおける経済学の生誕を、『国富論』の内在的分析を行うことによってだけではなく、先行者たちの成果との関連（継承と断絶、依存と超克）を明らかにすることによって果たそうとする。すなわち重商主義経済諸理論の研究、とりわけサー・ジェイムズ・ステュアートの『原理』の研究と、ジョサイア・タッカーの研究を遂行することによって、多様な理論的、政策的問題を析出し、その諸問題、諸争点と関連づけて、スミスにおける経済学の成立を理解しようとする。そしてさらに『国富論』の理論的特質を、マルクスのみならず、とりわけ後進国ドイツの理論家としてのリストの経済学との比較によって、照らしだそうとする。

小林の学史研究もアクチュアルな問題意識に立脚したものである。戦後日本の再建は、いかなる国民経済の構築を目指すべきであるか。このような課題にたいして、小林は古典的な経済学文献に指針を求めたのである。まず**国民経済***の理念が必要であったが、それはスミスの国内市場中心の投資論とリストの正常国民論――農・工・商のバランス論――が示唆した。しかし、後進国日本には後進国の経済政策

＊**国民経済**　アダム・スミスも『国富論』で国民経済を前提としているが世界連邦国家のような単位が存在しない限り、国民経済は近代という時代には適切な単位であると考えられる。資本主義は世界的に展開するけれども、人間が安全に暮らすためには、国民形成もまた求めざるをえないのが過去数世紀の歴史の教訓である。しかし、それは排外主義を意味しない。

が必要であるという認識が小林にはあった。それは、重商主義とリストの政策論のアクチュアリティを追求することを要請した。畢竟、小林の学史研究は後進資本主義国として再スタートをきった戦後日本の課題を追求する迂回的アプローチだったのである。[3]

同じように、戦後日本の再建というコンテクストにおいて迂回を選んだ二人の論争は、よく噛み合っていたようには思えない。内田は正面から小林との論争に向き合うというより、むしろ対決を避けたように思われる。確かに内田はただ一度だけ論争に応じた。それは小林昇のタッカー論を論評した時である。しかし、全体として、論争は小林昇の営々とした学史研究のなかに消えていったように思われる。内田義彦の弟子筋の明示的、黙示的な小林昇批判はある時期までは盛んであった。羽鳥卓也、田添京二、山崎怜、富塚良三などの仕事がそうである。しかしある時期以降、経済学史研究は小林昇の手法と作風に学ぶという伝統を生みだしたように思われる。

戦後スミス研究のトリオの最後、水田洋のスミス研究の特徴は伝記的・思想史的アプローチにある。伝記としては、古典的なものはレーの『スミス伝』である。それは豊かな事実の発掘と興味深いエピソードをもりこむことによって出色の読み物であった。しかし、今では訂正すべき点も多々あって時代遅れとなっている。こうしてロスの伝記が待たれたが、詳細な『スミスの生涯』がようやく一九九五年に出版され、翻訳もされた。この間にあって、わが国においては、水田洋のいくつかの著作が、その欠落をうめていた。しかし、水田はスミスについての、また関連する書物を多数刊行しているものの、自らのスミス研究を集大成していない。しかし、トータルで評価するとき、水田のスミス研究の貢献は巨大である。しかし、それは専門家にしか認識されていないのではないかと思われる。

水田のスミス研究、さらには近代思想史研究の功績は、近代人の理念の骨太い把握にある。近代人のメンタリティを水田は自己中心性に求める。そして近代人の形成を、ルネサンス的欲望解放との関連で、マキャヴェッリからホッブズにたどり、スミスにおいては近代人の成熟をみる。

ホッブズにおいては利己的な個人が平和共存することは、権力の抑圧なしには不可能であったが、スミスにおいては利己的個人はシンパシーをもっているために、利己的なまま社会を形成して平和に暮らすことができるということになった。利己的個人が自分の生活のために必要なのは、相手の利己心を刺激することだけである。労務や剰余、ようするに財の交換ができればよい。言い換えれば、分業と市場があればよいということになる。こうして権力国家は、不必要とはいえないけれども、相対化された。

このように、水田はホッブズからスミスへの近代人理解の発展を中心において近代思想を把握する。この視点は、現代思想を扱うときにも、水田の基礎視点となっている。ようするに、水田にしたがえば、スミスの人間理解が今日でも有効であり、基本的にそれでよいということであろう。そうだとすると、マルクスの役割はどうなるのだろうか。

またスミスに自由主義だけではなく、民主主義をもみるのが水田の特徴であるが、スミスの描いた近代人、同感のメカニズムをもった利己的人間でよいとすれば、現代日本の、あるいは世界の課題はどこにあるのだろうか。

思想史家としての水田には独創的な仕事が多くある。そのような仕事を可能にしている方法は、マルクス主義の方法であるというよりも、幅広い資料発掘にあるように思われる。水田は、経済理論のような理論装置も使わないし、スキナーやポーコックのようなコンテクスト主義によるテクスト分析の方法にも無関心である。文献についての博識と鋭い直感が水田の仕事を支えているように思われる。

しかしながら、方法や理論はともかくとして、スミス研究者として、また近代ヨーロッパ思想史家としての水田が、共和主義、シヴィック・パラダイムを無視しているのは大いに疑問である。ポーコックたちが共和主義研究を押し出してきたのは、自然法思想一本だった従来の近代思想史研究に対する異論としてであった。それに対して未だに自然法思想しか問題にしないのは、保守的な態度だと言われても仕方ないであろう。しかし近著『思想の国際転位』の序文において、水田もようやくシヴィック派の研究を認知したように思われる。

　こうして戦後のわが国のスミス研究は三人の巨匠によってリードされてきた。しかし、後進は、三人の巨匠を乗り越えたであろうか。あるいは三人の巨匠の業績に迫ったであろうか。多数のスミス研究者が生まれ、多数のスミス研究が公にされてきたことは事実である。しかし、多くは大同小異の凡庸な研究にとどまっている。それはどうしてだろうか。日本のスミス研究は、一見、活況を呈しながらも、いまや生産性を失いつつあるのかもしれない。

　辛うじて日本のスミス研究の一見したところの活況を可能にしているのは、欧米のスミス研究とスコットランド啓蒙研究の隆盛の余波によってであり、最良の成果の摂取という努力によってであることは、否定できないであろう。

　田中正司の研究は、このような典型である。田中の努力は尊敬に値するが、しかしその成果については疑問もある。とりわけ、最近の田中は、スミスの社会思想の前提を追い求め、そのルーツをカルヴィニズム神学に求めている。田中の研究はあれかこれかという問題の単純化を免れず、スミスの思想を自然法へ、さらにカルヴィニズムへと還元する傾向が強い。スミスにカルヴィニズムが無関係であるということはもちろん言えないが、もっと多様な伝統がスミスに流れ込んでいるということ、そしてそのような伝統の総合として、さらには変革としてスミスの思想と学問を理解すべきではないだろうか。田中は、共和主義を適切に検討することなく、このような還元・遡及論に陥っているように思われる。今述べたように、むしろスミスの思想はさまざまな思想の伝統の総合にたつ変革としてとらえるべきであって、その総合と革新の具体的な形の解明こそ焦点にならなければならないと思われるのである。

　キリスト教の伝統と**ストア哲学**[*]、共和主義、自然法などが、スミスの社会思想に密接に関係があることが、近年の研究を通して明らかになってきた。こうした個々の成果を踏まえて、今や、スミス研究を総合する大きな構想をもった試みが待望されている。

＊**ストア哲学**　古典古代にキケロなどによって乱世を生きぬくべく説かれた思想で、欲望の自己抑制による精神の平静（アタラクシア）を目指した。ルネサンス以後復活され、リプシウスによって新ストア哲学が広められたが、啓蒙哲学はその影響をうけている。

その試みはアクテュアルな問題意識に触発されたものでなければ、迫力を欠くであろう。すなわち、現代日本のスミス研究が再び魅力を取り戻すためには、現代の課題の鋭敏な看取に発する鋭い分析が登場しなければならないように思われる。

経済学の危機が叫ばれて久しい。危機というのは、経済学はモデルの洗練をめざす結果として現実把握から遊離してしまったとか、混迷する実態経済に対して経済学は適切な処方箋を提供できないという意味からである。近年のスタグフレーションに対しても、バブルとその破綻に対しても、エコノミストは適切な処方箋を示したであろうか。また環境破壊をくいとめるにはどうしたらよいかについても、明確な結論を出せないでいる。

経済学はこのような疑問に直面している。にもかかわらず、経済学は人間の好奇心が不可逆的であるのと同じく、先へ先へと進んでいく。数理経済学にリードされた経済学は洗練の度を増し、技術的に高度になるにつれて、貧血し貧しくなっていくようにみえる。その理由は、人間の経済生活は、そもそも数理で把握できないからに他ならない。今や経済学が数学を道具にしているのではない。数学が経済学を支配しているのだ。経済学者のメンタリティーは哲学者のそれではもはやなく、技術者のそれである。数理経済学者のどこに哲学者の高邁な思考があるだろうか。

数理で把握できる部分ももちろんある。しかし、経済学が、文明社会の人間生活の豊かさに貢献すべきものだとすれば、質を問わない数理的思考はほとんど役に立たない。

われわれの郷土と国民あるいは地球市民としての生活は、本当に、豊かであるだろうか。安定しているであろうか。満足な精神生活を可能にしているであろうか。スミスを通して再考すべき問題はそこにある。文明は後戻りできない。そうとすれば、進歩は、生活の質の充実をめざすものでなければならないであろう。

1　M・ブラウグ『リカァドウ派の経済学』〔馬渡尚憲・島博保訳〕（木鐸社、一九八一年）、鎌田武治『市場経済と協同社会思想』（未來社、二〇〇〇年）。

2　Robert Chambers, *Biographical Dictionary of Eminent Scotsmen*, 4 vols., 1856.

3　いささか、本書の課題を越えた発言となるが、内田、小林が戦後日本の社会の再建にあたって古典的な経済学の歴史を深く研究したことは、現代の後進国の社会に関する学問を考えるとき教訓的である。今こそ、スミスの経済学を学ぶべきなのは、われわれだけでなく、ロシアや中国や韓国その他の中進国と、国民経済の建設ができていない多くの後進国のひとびとであるとも言えるであろう。

エピローグ

アダム・スミスの足跡からみえるもの

本書は、一八世紀の啓蒙の時代に、スコットランドというヨーロッパの西北端にある小さな後進地域において、イングランドや大陸より一歩先んじて発展し、とりわけアダム・スミスによって集大成されて成立する経済学という新しい学問が、どのような諸問題に取り組みながら形成されたのかを、アダム・スミス自身の思想形成、思想の発展をたどりながら跡付けてきた。なぜそのような視点を採用したかといえば、経済学の成立は、啓蒙思想の課題に深く関連した出来事だったからにほかならない。

経済学の成立が啓蒙の時代の出来事であったのは偶然ではない。すなわち、啓蒙思想家が文明社会のなかで、腐敗・頽廃せずに、活力をもって人々が生きるためにはどうすればよいか、という根源的な問題に直面して、様々な思索を展開していたことと、経済学という新しい学問の形成は、深く結ばれていたのである。言い換えれば、啓蒙思想家の共通の課題に対して、経済学という新しい学問——富の学問、生活様式の学問、共存の学問——の展開によって解答を与えることができるという認識が、経済学を啓蒙の経済学として生み出したのである。道徳哲学からの経済学の独立ということの含意はその点にある。

スミスは、競争的市場社会の論理を追求しただけではない。自由競争的市場社会の経済と政治とモラルが不可分の関連にあることを主張したというだけでもない。むしろ、経済の営みと政治とモラルさらには好奇心が、どのようにすれば、相互に腐敗せずに、社会的信頼を形成しながら社会関係の好循環を生み出し、文明社会の発展が可能になるかという発展あるいは進歩の条件について、深い考察をおこなったのである。

経済学は、やがて洗練されて、啓蒙思想の課題から切り離され、テクニカルな科学に変貌を遂げる。少なくとも主流派の経済学はそうである。そのような経済学は、経済学のすべてでもなければ、唯一価値のあるものでもないことは、指摘するまでもないだろう。

経済行為は人々に富と幸福をもたらすばかりではない。しばしば、人々は利益追求に没頭して、社会的ルールを侵したり、マネーゲームに失敗して破産したりもする。どのように行動するのが正しいかについて、われわれはもっと自省し、どのように生きることがよく生きることになるかを、スミスを通して考えてみることもあってよいだろう。本書がそのような思索へ読者を誘うことにいくらかでも役立てば、と願っている。

本書が完成できたのは、法律文化社編集部、田多井妃文さんの多大な協力に負う。本書に斬新な部分があるとすれば、それは大体のところ田多井さんのおかげである。また人物紹介とキー・ワードの執筆は大部分、川名雄一郎君（日本学術振興会特別研究員・京都大学大学院経済学研究科博士課程）にお願いした。川名君は期待通りの堅実な仕事ぶりで支援してくれた。共に記して御礼申し上げます。

平成一四年秋　著者記す

参考文献一覧

◆アダム・スミスをさらに深く学ぶために

1．原　典

A・スミス『道徳感情論』〔水田洋訳〕（筑摩書房、一九七三年）

A・スミス『グラスゴウ大学講義』〔高島善哉・水田洋訳〕（日本評論社、一九四七〔再刊一九八九〕年）

A・スミス『国富論』〔大河内一男監訳・I～III〕（中央公論社、一九七八年）、〔水田洋監訳・1～4〕（岩波書店、二〇〇〇～二〇〇一年）

A・スミス『アダム・スミス哲学論文集』〔アダム・スミスの会監修〕（名古屋大学出版会、一九九三年）

A・スミス『アダム・スミス修辞学・文学講義』〔宇山直亮訳〕（未來社、一九七二年）

The Glasgow Edition of the Works and Correspondence of Adam Smith, Oxford : Clarendon Press.

The Theory of Moral Sentiments, 1976.

A Inquiry into the Nature and Causes of the Wealth of Nations, 2 vols., 1976.

Essays on Philosophical Subjects, 1980.

Lectures on Rhetoric and Belles Lettres, 1983.

Lectures on Jurisprudence, 1978.

Correspondence of Adam Smith, 1977. (Revised edition, 1987)

廉価なリプリントが Liberty Press から出版されている。また最近索引の巻も刊行された。

2. 伝　記

J・レー『アダム・スミス伝』〔大内兵衛・大内節子訳〕（岩波書店、一九七二年）

＊一昔前のスミス伝だが、情報量の大きさは抜群。エピソードに富んでいて面白く有益。そろそろ改訂も必要。

I・S・ロス『アダム・スミス伝』〔篠原久・只腰親和・松原慶子訳〕（シュプリンガー・フェアラーク東京、二〇〇〇年）

＊詳細な伝記。

3. 研究書

内田義彦『経済学の生誕』（未來社、一九五三年）

＊アダム・スミスの思想を鋭く、深く分析した最高傑作。部分的には改訂が必要。

小林昇『『国富論』体系の成立——アダム・スミスとジェイムズ・ステュアート』（未來社、一九七三年）

＊小著ながら、ステュアートと比較して、スミスの経済学の理論的、歴史的特長と意義を明確化した本格的な研究。

小林昇『小林昇経済学史著作集Ⅰ、Ⅱ——『国富論』研究（1）（2）』（未來社、一九七六年）

水田洋『アダム・スミス』（講談社、一九九七年）

＊入門者向けの平易な伝記スタイルの小著、随所に思想史家としての片鱗を示す。

水田洋『アダム・スミス研究』（未來社、一九六八年）

＊思想史的視野をもつスミス研究だが、著者のスミス研究はまだ集大成されないままである。
水田洋・杉山忠平『アダム・スミスを語る』（ミネルヴァ書房、一九九三年）
＊わが国の戦後のスミス研究のリーダーからの聞き取りで、興味深い読み物。
篠原久『アダム・スミスと常識哲学』（有斐閣、一九八六年）
＊コモン・センス学派のリードとスミスの関係を扱う。
只腰親和『「天文学史」とアダム・スミスの道徳哲学』（多賀出版、一九九五年）
＊スミスの『哲学論文集』の主な訳者のスミス研究で、自然科学との関係に視点。
田中正司『アダム・スミスの自然法学』（御茶の水書房、一九八八年）
＊三部作『アダム・スミスの自然神学』（一九九三年）、『アダム・スミスの倫理学上・下』（一九九七年、共に御茶の水書房）をなす。碩学の労作で上級用。
星野彰男『アダム・スミスの思想像』（新評論、一九七六年）。
新村聡『経済学の成立』（御茶の水書房、一九九四年）
S・ホランダー『アダム・スミスの経済学』（大野忠男ほか訳）（東洋経済新報社、一九七六年）
＊近代経済学の立場からの数少ない本格的研究。
A・S・スキナー『アダム・スミスの社会科学体系』（田中敏弘ほか訳）（未來社、一九八一年）
＊バランスのとれた分析を特徴とする好著。
D・ウィンチ『アダム・スミスの政治学——歴史方法論的改訂の試み』（永井義雄・近藤加代子訳）（ミネルヴァ書房、一九八九年）

*スミスの政治思想に力点を置いた最近の研究で、新鮮である。

K・ホーコンセン『立法者の科学――デイヴィド・ヒュームとアダム・スミスの自然法学』（永井義雄・鈴木信雄・市岡義章訳）（ミネルヴァ書房、二〇〇一年）

◆関連分野を知るために

1．スコットランド啓蒙関係

ホント、イグナティエフ編著『富と徳――スコットランド啓蒙における経済学の形成』（水田洋・杉山忠平監訳）（未來社、一九九〇年）

*英米の学界を代表するケンブリッジ・グループの本格的なテーマ的研究で、刺激的。

田中秀夫『スコットランド啓蒙思想史研究――文明社会と国制』（名古屋大学出版会、一九九一年）

田中秀夫『文明社会と公共精神――スコットランド啓蒙の地層』（昭和堂、一九九六年）

天羽康夫『ファーガスンとスコットランド啓蒙』（勁草書房、一九九三年）前編第二章

P・スタイン『法進化のメタヒストリー』（今野勉ほか訳）（文眞堂、一九八九年）

田中秀夫『啓蒙と改革――ジョン・ミラー研究』（名古屋大学出版会、一九九九年）

2．ヒュームについて

D・ヒューム『ヒューム政治経済論集』（田中敏弘訳）（御茶の水書房、一九八三年）

田中秀夫『社会の学問の革新――自然法思想から社会科学へ』（ナカニシヤ出版、二〇〇二年）

坂本達哉『ヒュームの文明社会――勤労・知識・自由』（創文社、一九九五年）
田中敏弘『社会科学者としてのヒューム――その経済思想を中心として』（未來社、一九七一年）

3．タッカーについて

J・タッカー『政治経済問題四論』（大河内暁男訳）（東京大学出版会、一九七〇年）
小林昇『重商主義解体期の研究』（未來社、一九五五年）
＊『小林昇経済学史著作集Ⅳ　イギリス重商主義研究（2）』（未來社、一九七七年）に収録。
J・G・A・ポーコック『徳・商業・歴史』（田中秀夫訳）（みすず書房、一九九三年）

4．ステュアートについて

J・ステュアート『経済の原理上、下』（小林昇監訳）（名古屋大学出版会、一九九三年、一九九八年）
小林昇『『国富論』体系の成立』（未來社、一九六二年）
＊『小林昇経済学史著作集Ⅰ　国富論研究（1）』（未來社、一九七六年）に収録。
竹本洋『経済学体系の創成――ジェイムズ・ステュアート研究』（名古屋大学出版会、一九九五年）
大森郁夫『ステュアートとスミス――「巧妙な手」と「見えざる手」の経済理論』（ミネルヴァ書房、一九九六年）

事項索引

ア

カ

サ

タ

ナ

ハ

マ

人名索引

ア

カ

サ

タ

ワ

◆著者紹介◆
田中秀夫（たなか　ひでお）
京都大学大学院経済学研究科（理論経済学・経済史学専攻）博士課程修了。
甲南大学教授等を経て、京都大学大学院経済学研究科教授。
専攻→社会思想史，経済学史，経済哲学。

［主要著書］
『社会の学問の革新——自然法思想から社会科学へ』（ナカニシヤ出版，2002年）
『啓蒙と改革——ジョン・ミラー研究』（名古屋大学出版会，1999年）
『共和主義と啓蒙』（ミネルヴァ書房，1998年）
『文明社会と公共精神』（昭和堂，1996年）
『スコットランド啓蒙思想史研究』（名古屋大学出版会，1991年）
［訳　書］
J. G. A. ポーコック『徳・商業・歴史』（みすず書房，1993年）
F. A. ハイエク『市場・知識・自由』（ミネルヴァ書房，1986年）
その他

2002年11月20日　初版第1刷発行
2004年1月10日　初版第2刷発行

原点探訪　アダム・スミスの足跡《そくせき》

著　者　田　中　秀　夫

発行者　岡　村　　勉

発行所　株式会社　法律文化社

〒603-8053　京都市北区上賀茂岩ケ垣内町71
電話 075(791)7131　FAX 075(721)8400
http://www.hou-bun.co.jp/

内外印刷株式会社・酒本製本所
装幀　仁井谷伴子
ISBN 4-589-02610-4

竹下 賢・平野敏彦・角田猛之編〔HBB〕

トピック法思想

——羅針盤としての歴史——

四六判・三二六頁・二九四〇円

一一のトピック（差別・人間の尊厳・所有・生命・環境・弁論・陪審・刑罰・共同体と自由・戦争と平和・民族）を四つのテーマに分けて構成した新しいタイプの入門書。多くの写真を盛り込み読みやすく解説。巻末に人名辞典あり。

角田猛之著〔HBB〕

法文化の探求〔補訂版〕

——法文化比較にむけて——

四六判・三二八頁・二九四〇円

法文化のあり方を「法についての文化」と「法にあらわれた文化」の二つの視点からアプローチ。「ヒト・クローン計画」や最新のフランスにおけるカルト規制の動向を盛り込んだ補訂版。

坂東行和著

法の世界とその周辺

——法的思考と中世イギリス史——

A5判・二五〇頁・三〇四五円

近代市民憲法原理のいくつかは、その源流を中世法的思考とその周辺世界に見出すことができる。本書は、イギリス中世を中心に、法制史のほか政治・経済史にも視野を広げ、立憲主義の源をさぐる。

恒藤武二編

ヨーロッパ思想史

——社会的思想を中心に——

A5判・二六〇頁・二九四〇円

古代から現代にいたる法・政治・社会の思想の歴史を丹念にたどり、歴史と現実の思想の関連を明確にするなかで未来への展望を示す。ヨーロッパ思想の源泉／ルネッサンス・宗教革命の時代とその思想／啓蒙主義／英仏ブルジョワ革命期の思想／ほか一一章。